［過去問］

2025
立教女学院小学校
入試問題集

JN084787

Shinga-kai

立教女学院小学校

過去10年間の入試問題分析
出題傾向とその対策

2024年傾向

今年度も昨年度同様、ペーパーテスト、個別テスト、集団テスト、運動テストが行われました。個別テストでは今年度もはしの扱いや制作、巧緻性の課題が出題されました。面接は親子一緒に入室し、子どもは面接の途中で呼ばれて面接官の前に着席し、絵を見せられて質問に答えました。

傾　向

2日間で行われていた考査が、2019年度からは1日のみとなりました。2018年度までは1日目に20〜30人単位でペーパーテスト、2日目に個別テスト、集団テスト、運動テストが行われていましたが、2019年度以降は1日で行われ、所要時間は約2時間です。なお、受験番号は生年月日順で、2021、2023、2024年度は年長者順となっています。考査日前の指定日時に親子面接があり、その際簡単なアンケート（面接資料）の記入があります。例年、日常生活や健康に関する内容ですので、家や幼稚園（保育園）での生活状況、欠席の日数や理由などを把握しておきましょう。2021、2022年度はアンケートが2種類あり、学校と家庭の教育方針が合致するところなどを記入しました。ペーパーテストは話の記憶、数量、推理・思考、言語、常識、観察力などさまざまな分野から出題されています。プリントの枚数も多く、練習問題を行うもの、応用力を試されるものなど難易度にも幅があり、○をつけるのはお話に「出てくるもの」なのか、それとも「出てこないもの」なのかなど、指示をきちんと聞き取らないと正解できない問題もあります。話の記憶は毎年のように出題されており、2019、2020年度は数量と同じプリントの絵を見ながらお話を聞く形式でしたが、2022、2023年度は以前のようにストーリー性のある長文に戻りました。個別テストでは、ひも通しや輪つなぎなどの巧緻性、制作、はしの扱いなどの生活習慣が多く出題され、積み木の構成などの課題も出ています。集団テストでは、リズム遊びやお約束のある集団ゲームなどを通してお友達とのかかわり方、お約束の守り方など社会性を見られます。運動テストでは主に連続運動の中で両足跳び、ケンパーなどの基本的な運動が、体育館などの広いスペースで

行われます。面接は親子で行われます。2021、2022年度は最初は両親のみで、後から子どもが加わる形でしたが、2023年度から親子一緒の面接に戻りました。父親には志望理由、休日の子どもとの過ごし方など、母親には仕事の有無、子育てや家庭で大切にしていることなど、本人には幼稚園（保育園）や家で何をして遊ぶか、お手伝いやきょうだいとのかかわりなどが質問されています。また絵を提示されて質問に答えたり、想像力や判断力を見られたりする個別課題も多く出題されています。

対　策

ペーパーテストでは難しい問題が出ることもありますが、その場合は先に練習問題を行うこともあるため、まずテスターの説明や指示をしっかりと聞き取り、理解することが大切です。数量では数を正確にスムーズに数えることや、合わせていくつか、いくつ違うか、何組できるかなど、何を問われているのかを把握して解く習慣をつけましょう。推理・思考の回転図形や四方図は、実物を使って理解を確実なものにしておくことが大切です。言語、常識などは、立教女学院小学校の特徴的な問題の１つです。毎日の生活の中で様子や動作を表す言葉に慣れておくと同時に、昔話や絵本などを通して語彙を増やすことを心掛けましょう。親子の日常会話でも、「あれ」「それ」という指示語を使わず具体的に表現するよう、ご両親が意識しながら接するようにしてください。しりとりは、絵を最初から最後までつなぐもの、名前の音の数を指定して選択肢に○をつけていくものなどいろいろなパターンで出題されているので、しりとりとわかっても勝手に解き始めるのではなく、指示をきちんと聞き取って行うことが大切です。女子は全般的に話の記憶や言葉の問題はよくできるので、言葉作りや音の問題も含め、いろいろな分野の課題に取り組みレベルの高い問題もこなせるようにしておきましょう。常識は毎年出題され、虫や生き物、植物など自然に関する問題が比較的多く出ています。そのほか季節や行事、料理など日常生活で使う道具の理解、さまざまなスポーツや楽器の音に対する興味や関心を見られる課題もありますから、幅広い準備を心掛けましょう。個別テストでは細かい指示やお約束などを聞き逃さないように集中して聞く姿勢が大切です。そしてどんな状況でもひも通しやチョウ結び、はし使いなどがきちんとできるよう、日常生活の中でお手伝いやいろいろな経験をさせてあげてください。2020年度まで毎年行われていた集団テストが2021、2022年度は実施されませんでしたが、2023年度から復活しました。リズム遊びや身体表現などを恥ずかしがらず子どもらしく元気に行うこと、いろいろなお友達と仲よく遊べるよう、お約束を守り、他者に対する気遣いや言葉遣いにも気をつけることが必要です。運動は前転、縄跳び、ケンケンやケンパーなど基本的なことができるようにしておきましょう。また、テスターの説明中や順番を待つ間、部屋を移動するときなどのお行儀や態度、姿勢には日常生活の様子が表れます。してよいことと悪いことの区別やけじめをつけられるようにしておきましょう。入学考査は、結果だけでなく取り組む姿勢も大事になります。あきらめずに最後まで頑張り抜くことを習慣にしてください。

年度別入試問題分析表

【立教女学院小学校】

	2024	2023	2022	2021	2020	2019	2018	2017	2016	2015
ペーパーテスト										
話		○	○	○	○	○	○	○	○	○
数量	○	○	○	○	○	○	○	○	○	○
観察力				○				○		
言語	○	○	○	○	○	○	○	○	○	○
推理・思考	○	○	○	○	○	○	○			○
構成力						○				
記憶										
常識	○	○	○	○	○	○	○	○	○	○
位置・置換	○						○			
模写	○		○		○	○				○
巧緻性						○				
絵画・表現										
系列完成									○	
個別テスト										
話										
数量										
観察力										
言語										
推理・思考							○			
構成力										○
記憶										
常識										
位置・置換										
巧緻性	○	○	○	○	○	○		○		
絵画・表現										
系列完成										
制作	○	○	○	○	○		○	○	○	○
行動観察										
生活習慣	○	○	○	○	○		○	○	○	○
集団テスト										
話										
観察力										
言語										
常識										
巧緻性										
絵画・表現										
制作										
行動観察		○					○			
課題・自由遊び										○
運動・ゲーム	○	○			○	○	○	○	○	○
生活習慣										
運動テスト										
基礎運動					○	○	○			○
指示行動										
模倣体操										
リズム運動										
ボール運動		○			○			○		○
跳躍運動			○	○			○	○	○	○
バランス運動										
連続運動	○	○	○	○		○	○	○	○	
面接										
親子面接	○	○	○	○	○	○	○	○	○	○
保護者(両親)面接										
本人面接										

※伸芽会教育研究所調査データ

小学校受験Check Sheet

　お子さんの受験を控えて、何かと不安を抱える保護者も多いかと思います。受験対策はしっかりやっていても、すべてをクリアしているとは思えないのが実状ではないでしょうか。そこで、このチェックシートをご用意しました。1つずつチェックをしながら、受験に向かっていってください。

✽ ペーパーテスト編

①お子さんは長い時間座っていることができますか。

②お子さんは長い話を根気よく聞くことができますか。

③お子さんはスムーズにプリントをめくったり、印をつけたりできますか。

④お子さんは机の上を散らかさずに作業ができますか。

✽ 個別テスト編

①お子さんは長時間立っていることができますか。

②お子さんはハキハキと大きい声で話せますか。

③お子さんは初対面の大人と話せますか。

④お子さんは自信を持ってテキパキと作業ができますか。

✽ 絵画、制作編

①お子さんは絵を描くのが好きですか。

②お家にお子さんの絵を飾っていますか。

③お子さんははさみやセロハンテープなどを使いこなせますか。

④お子さんはお家で空き箱や牛乳パックなどで制作をしたことがありますか。

✽ 行動観察編

①お子さんは初めて会ったお友達と話せますか。

②お子さんは集団の中でほかの子とかかわって遊べますか。

③お子さんは何もおもちゃがない状況で遊べますか。

④お子さんは順番を守れますか。

✽ 運動テスト編

①お子さんは運動をするときに意欲的ですか。

②お子さんは長い距離を歩いたことがありますか。

③お子さんはリズム感がありますか。

④お子さんはボール遊びが好きですか。

✽ 面接対策・子ども編

①お子さんは、ある程度の時間、きちんと座っていられますか。

②お子さんは返事が素直にできますか。

③お子さんはお父さま、お母さまと3人で行動することに慣れていますか。

④お子さんは単語でなく、文で話せますか。

✽ 面接対策・保護者（両親）編

①最近、ご家族での楽しい思い出がありますか。

②ご両親の教育方針は一致していますか。

③お父さまは、お子さんのお家での生活や幼稚園・保育園での生活をどれくらいご存じですか。

④最近タイムリーな話題、または昨今の子どもを取り巻く環境についてご両親で話をしていますか。

^{section}
2024 立教女学院小学校入試問題

■ 選抜方法

考査は1日で、約20人単位でペーパーテスト、個別テスト、集団テスト、運動テストを行う。所要時間は約2時間15分。考査日前の指定日時に親子面接があり、当日アンケートに記入する。

┃ ペーパーテスト ┃ 筆記用具は鉛筆を使用し、訂正方法は＝（横2本線）。出題方法は音声で、一部テレビモニターを使用。

1 数 量

動物たちが野原やお家の中で楽しそうに過ごしていますね。

・星1つのところです。絵の中に赤い花はいくつ咲いていますか。その数だけ、マス目に1つずつ○をかきましょう。

・星2つのところです。ウサギがカレーライスを作るのにニンジンを2本使いました。ニンジンがおいしそうなので、さらに3本入れました。使ったニンジンは全部で何本ですか。その数だけ、マス目に1つずつ○をかきましょう。

・星3つのところです。黒いニワトリが卵を2個、白いニワトリが卵を1個産みました。絵の中のニワトリが産んだ卵は全部でいくつですか。その数だけ、マス目に1つずつ○をかきましょう。

・三角1つのところです。ゾウがカゴに卵を6個入れて出かけました。ネズミに3個届け、その後クマに届ける途中で2個落としてしまいました。カゴには今、卵はいくつ残っていますか。その数だけ、マス目に1つずつ○をかきましょう。

・三角2つのところです。卵1個でオムレツを1個作ることができます。ネズミが3個、クマが4個のオムレツを作りました。オムレツを9個作るには、あといくつ卵があればよいですか。その数だけ、マス目に1つずつ○をかきましょう。

・三角3つのところです。ウサギがジャガイモとニンジン、タマネギ、お肉、カレールーを入れてカレーライスを作りました。全部でいくつの材料を使いましたか。その数だけ、マス目に1つずつ○をかきましょう。

2 推理・思考（対称図形）

・星1つのところです。左端の透き通った紙に描いてある絵を矢印の向きにパタンと折るとどのようになりますか。正しいものを右側から選んで○をつけましょう。

・星2つのところです。左のように折った折り紙の黒いところを切って開くとどのように

なりますか。正しいものを右側から選んで○をつけましょう。

3 言　語

- ・星1つのところです。左側にあるものの名前の2番目の音を並べ替えてできるものを、右側から選んで○をつけましょう。
- ・星2つのところです。それぞれの段にある絵をしりとりでつなげたとき、1つだけつながらないものがあります。その絵に○をつけましょう。

4 常　識

- ・星1つのところです。走るのが一番速い動物の足に○をつけましょう。
- ・星2つのところです。足の数が2番目に多い生き物に○をつけましょう。
- ・星3つのところです。卵で産まれるものに○をつけましょう。
- ・三角1つのところです。触るとゴツゴツしている野菜に○をつけましょう。
- ・三角2つのところです。葉っぱがギザギザしているお花に○をつけましょう。

5 位置・置換

- ・星1つのところです。上の四角がお約束です。消しゴムは○、はさみは×、鉛筆は△に置き換えます。では、すぐ下を見てください。左側のマス目の絵をお約束通りに置き換えて、右側のマス目の同じ場所にかきましょう。終わったら、その下の星2つのところもやりましょう。

6 模写・推理・思考（進み方）

- ・星1つのところです。上のお手本と同じになるように、下にかきましょう。
- ・星2つのところです。（テレビモニターに上のお手本が映る）モニターに映っているお手本と同じになるように、マス目にかきましょう。
- ・星3つのところです。左側の矢印から右下の矢印まで、バツ、三角、丸、三角、二重丸の順番でマス目を進む線をかきましょう。縦、横、斜めに進むことはできますが、同じ道を2回通ることはできません。

▌個別テスト▐　教室で課題を行う。

7 制作・巧緻性

王冠をかぶったライオンのたてがみが描かれた台紙（A4判、穴が2つ開いている）、丸の中に鼻が描かれた台紙（B6判）、ひも（赤）が用意されている。各自持参したクーピーペン（12色）、液体のり、はさみを使用する。

・ライオンの台紙と丸の台紙を、それぞれ線に沿って切り取りましょう。クーピーペンでライオンのたてがみを塗り、王冠に模様を描きます。切り取った丸に目や口など顔を描き、ライオンの点線に合わせて液体のりで貼ってください。穴にひもを通して後ろでチョウ結びし、ライオンのお面にしましょう。

8 生活習慣

制作の課題の間に4人ずつ呼ばれ、前方の机の前に立って行う。机の上にスーパーボール、ビーズ、木製キューブ、ひも（約2cm）、大豆2個が入ったプラスチック製コップ（透明）、トレー（小）、子ども用の塗りばしが用意されている。

・コップに入っているものを、おはしでトレーに全部移しましょう。移し終わったら、またおはしで元のコップに戻してください。「やめ」と言われるまでくり返しやりましょう。

〈約束〉

・コップとトレーに触ってはいけない。

集団テスト | 教室で課題を行う。

冒険ゲーム

音楽が流れ、自由に歩く。テスターが「みーつけた」と言ったら、子どもたちも「みーつけた」と言う。テスターが「何をみーつけた？」と言ったら、子どもたちはそれぞれ動物の名前を言う。その後、テスターが「休憩」と言ったら、ひじをついて横向きに寝転び、「危ない」と言ったら、頭に両手を載せてしゃがむ。次に、テスターが「ゴリラ」と言ったら3人のお友達と、「ライオン」と言ったら4人のお友達と、名前の音の数の人数で輪になる。人数が足りなかったり、多くなったりしたときは、頭の上で両手を合わせたポーズをとり、木になる。これをくり返し行う。

フープ送りゲーム

5人グループで行う。直径約20cmのフープを通したロープの両端が結ばれて輪になっている。グループ全員が輪になり両手でロープを持ち、フープに触らないようにしながらロープを横の人に送っていく。結び目をスタートの目印にして、元の位置に結び目が戻ったらその場に座る。どのようにしたらうまくできるかグループで相談して練習を行い、その後に本番を行う。

運動テスト | 体育館に移動し、4、5グループに分かれて行う。

🔲 連続運動

- グループごとに列に並び、1人ずつ呼ばれて行う。4つ並んだフープを笛の指示に合わせて順番に両足跳び→ボールを投げ上げ、手を2回たたいてからキャッチ→手でウサギの耳を作り両足跳び→マットの上をアザラシ歩きで進む。

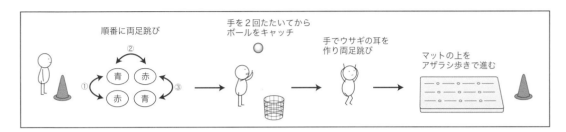

- グループごとに1人ずつ呼ばれて行う。スキップで進む→縄跳びで前跳びを10回行う→1本目のゴム段をまたぐ→2本目のゴム段をくぐる。

親子面接

保護者には、願書やアンケートの記入内容、子どもが答えたことについての質問もある。

本人

- お名前と幼稚園（保育園）の名前を教えてください。
- お家では何をして遊びますか。
- 幼稚園（保育園）では何をして遊びますか。
- お父さまとは何をして遊びますか。

🔲 言語

面接の途中、前の机に呼ばれて着席して行う。テスターが、動物たちが部屋の中でパーティーをしている様子の絵を見せながら質問をする。回答からさらに発展した内容へと質問が続く。

- これはどんな絵だと思いますか。
- （「誕生日のパーティーです」と答えると）誰の誕生日ですか。どうしてそう思うのですか。
- （「キリンさんの誕生日です」と答えると）あなただったらキリンさんに何をあげたいですか。
- お父さま、お母さまにはどんなプレゼントをあげたいですか。
- お部屋にどんな飾りつけをしたいですか。
- ドアの向こうには誰がいると思いますか。どうしてそう思うのですか。
- 絵のように、ニコニコしている動物が泣き出してしまったらどうしますか。

父　親

・お仕事についてお聞かせください。
・本校へ来たことはありますか。そのときの印象をお聞かせください。
・キリスト教教育についてどのようにお考えですか。
・自宅から最寄り駅までは何分かかりますか。
・お子さんが成長したと思うのはどのようなときですか。
・お子さんが成長したと思う最近のエピソードをお聞かせください。
・お忙しいと思いますが、お子さんとの時間をどのようにつくっていますか。
・お子さんと過ごしていて楽しいのは、どのようなときですか。
・お子さんが夢中になっていることは何ですか。
・学生時代に打ち込んでいたことは何ですか。
・ご家庭で大切にしていることは何ですか。

母　親

・女子校を選んだ理由をお聞かせください。
・本校の雰囲気についてどう思われますか。
・数ある私立の中から本校を選んだ理由をお聞かせください。
・キリスト教についてどのようにお考えですか。
・お仕事についてお聞かせください（テレワークの頻度、子どもの送迎や下校後の対応などについて）。
・共働きということですが、大変ではありませんか。
・今までの育児で大変だったのは、どのようなことですか。
・お子さんの成長を感じるエピソードをお聞かせください。
・ご家庭で大切にしているのはどのようなことですか。
・今、通っている幼稚園（保育園）を選んだ理由を教えてください。
・子育ての中で大切にしていることは何ですか。
・緊急時にお迎えなどの対応はできますか。サポートはありますか。

面接資料／アンケート　面接当日にアンケート（A4判）に記入する。以下のような項目がある。

・本人氏名、生年月日、家族構成。
・仕事や家庭生活について、伝えたいこと。
・通学経路、通学時間、本人の就寝時間、起床時間、食物アレルギーの有無。
※ほかに、志願者の個人写真（縦4cm×横3cm）と志願者を含む家族写真（L判）を持参し、貼りつける（裏に名前と受験番号を記入するよう指示がある）。

1

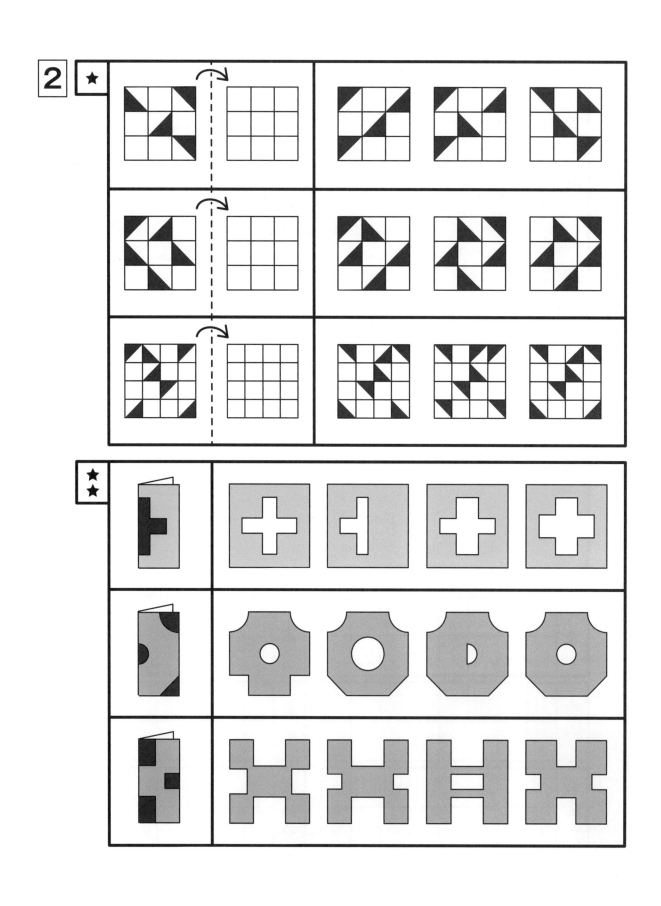

3

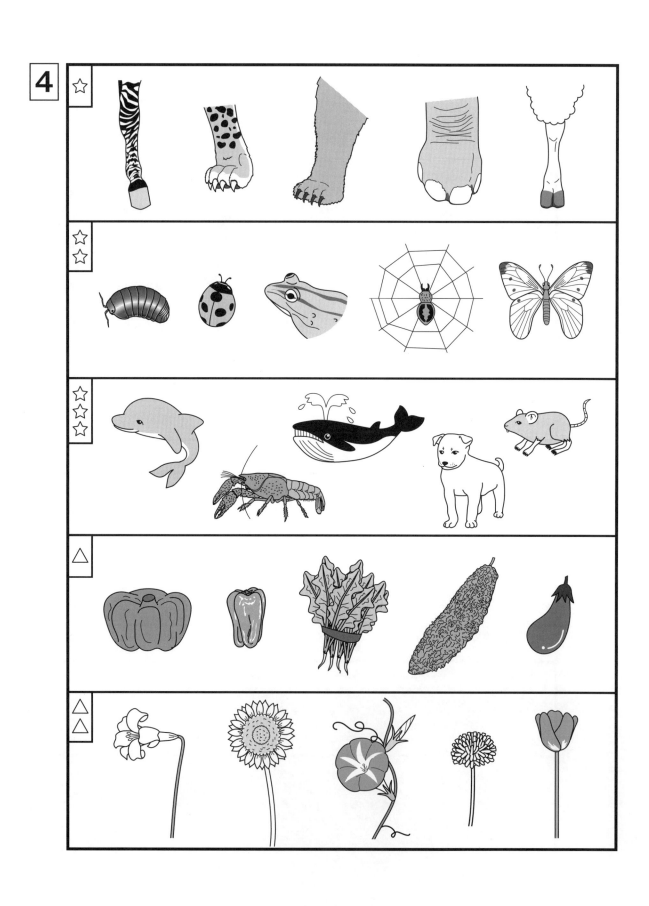

5

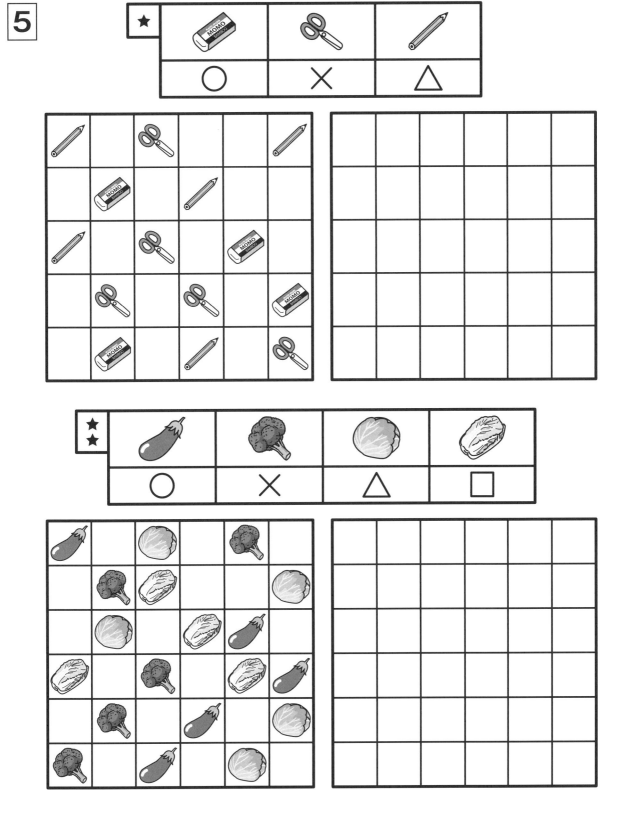

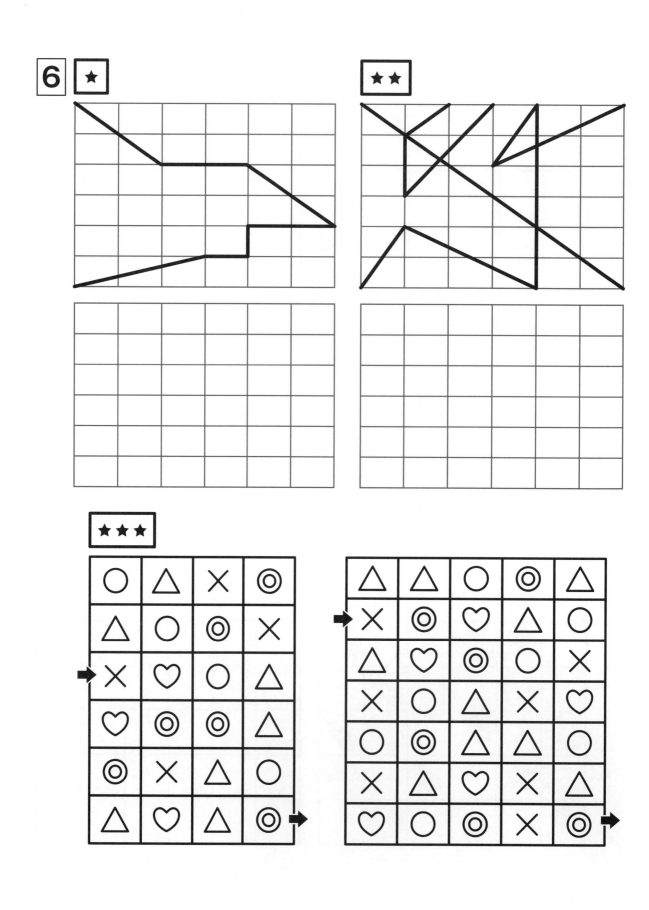

7

〈ライオンの台紙〉

〈丸の台紙〉

【完成例】

（表）　　　（裏）

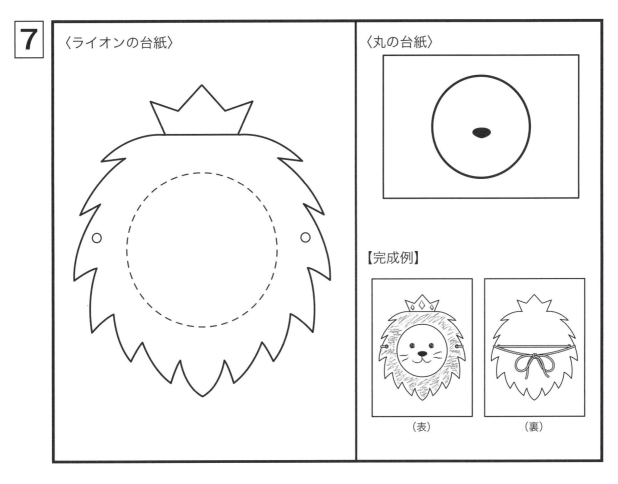

8

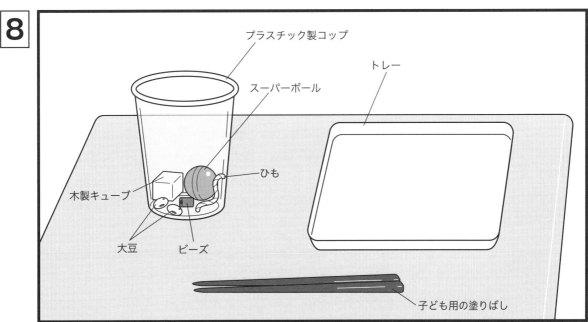

プラスチック製コップ

スーパーボール

トレー

ひも

木製キューブ

大豆　　ビーズ

子ども用の塗りばし

section
2023 立教女学院小学校入試問題

■ 選抜方法

考査は1日で、約20人単位でペーパーテスト、個別テスト、集団テスト、運動テストを行う。所要時間は約2時間10分。考査日前の指定日時に親子面接があり、当日アンケートに記入する。

┃ ペーパーテスト

筆記用具は鉛筆を使用し、訂正方法は＝（横2本線）。出題方法は音声で、一部テレビモニターを使用。

1 数 量

森で動物たちが楽しそうに過ごしていますね。

・星1つのところです。絵の中にお花はいくつ咲いていますか。その数だけ、マス目に1つずつ○をかきましょう。

・星2つのところです。絵の中の白いチョウチョと黒いチョウチョでは、どちらが多いですか。多い方のチョウチョに○をつけ、違う数だけマス目に1つずつ○をかきましょう。

・星3つのところです。ウサギが持っている虫カゴには、カブトムシが5匹入っています。木にいるカブトムシを全部捕まえて虫カゴに入れると、中のカブトムシは合わせて何匹になりますか。その数だけ、マス目に1つずつ○をかきましょう。

・三角1つのところです。ウサギと小鳥を合わせると、全部で何匹になりますか。その数だけ、マス目に1つずつ○をかきましょう。

・三角2つのところです。クマはおにぎりを5個、ネズミは2個持ってきました。そしてクマは2個、ネズミは1個食べました。残ったおにぎりを合わせると、全部で何個になりますか。その数だけ、マス目に1つずつ○をかきましょう。

・三角3つのところです。絵の中の小鳥が2羽飛んでいきました。しばらくすると、今度は3羽飛んできました。今、小鳥は何羽いますか。その数だけ、マス目に1つずつ○をかきましょう。

2 話の記憶

「おなかをすかせたサルがいました。『何かおいしいものはないかな』と思いながら歩いていると、畑を見つけました。『おいしそうな葉っぱだな』と葉っぱを引っ張ってみると、土の中からダイコンが出てきました。『なんだ、ダイコンか。これじゃ、おなかがいっぱいにならないよ』。サルはダイコンを畑にポイッと投げて、また歩き出しました。少し歩くと、今度はフサフサした葉っぱがある畑に来ました。『よし、今度はおいしいものがあ

りそうだ』。サルが葉っぱを引っ張ってみると、土の中からニンジンが出てきました。ニンジンが嫌いなサルはニンジンを切り株の上に置いて、また歩き出しました。少し歩くと、さっきとは違う形の葉っぱがある畑に来ました。葉っぱを勢いよく引っ張ってみると、大きなサツマイモが出てきました。やっとおいしそうなものが出てきたので、サルは大喜びです。お家に持って帰ろうとしましたが、サツマイモはあまりに重くてどうしても持ち上げられません。そこで『よし、引っ張って運ぼう』と、引っ張ってみてもサツマイモは動きません。『うーん、それなら転がしてみよう』。こうしてサツマイモを転がしながら歩いていると、白いイヌに会いました。『この先は海だから気をつけてね』とイヌが教えてくれたので、サルはサツマイモをゆっくり転がすことにしました。けれども海へ続く道は坂道になっていて、サツマイモはコロコロと転がり始めました。『これは大変だ！』サルは焦って追いかけましたが、サツマイモはどんどん転がって、ボチャーンと海に落ちてしまいました。『あーあ……』。サルがしょんぼりしていると『誰だい？　気持ちよく寝ていたのに、何かが落ちてきたせいで目が覚めちゃったじゃないか！』と言って、真っ赤になって怒った大きなタコがサツマイモをポーンと投げ返しました。『あっ！　僕のサツマイモ！　タコさんありがとう！』サルは大喜びでその大きなサツマイモを受け取りました。そのときです。『サルくん、これをあげるよ！』お空の上から、カモメが木の枝を落としてくれました。サルはもらった枝でたき火をしておイモを焼き始めました。焼きいものいいにおいに誘われて、どこからか黒ネコがやって来ました。サルと黒ネコは、焼きいもを仲よく食べました」

・星1つのところです。サルが最初の畑で掘ったものに○をつけましょう。
・星2つのところです。サルは次の畑で掘ったニンジンをどうしましたか。お話に合う絵に○をつけましょう。
・星3つのところです。サルはサツマイモをどのようにして運びましたか。お話に合う絵に○をつけましょう。
・星4つのところです。この先に海があると教えてくれた動物に○をつけましょう。
・三角1つのところです。サツマイモが海に落ちたとき、サルはどのような様子でしたか。合う絵に○をつけましょう。
・三角2つのところです。海に落ちたサツマイモを投げ返してくれた生き物に○をつけましょう。
・三角3つのところです。その生き物がサツマイモを投げたとき、どのような顔の色でしたか。同じ色の果物を選んで、○をつけましょう。
・三角4つのところです。空から枝を落としてくれた生き物に○をつけましょう。

3 数　量（マジックボックス）

・上の長四角がお約束です。左のリンゴが、ハート、ダイヤ、クローバー、スペードの箱

を通ると、それぞれ右の数になって出てきます。このお約束のとき、下の四角のように
リンゴが箱を通ると、いくつになりますか。その数だけ、下のマス目に1つずつ○をか
きましょう。2つ、3つの箱を通るときは最後にリンゴがいくつになるか、その数だけ
○をかきます。6つの四角ともすべてやりましょう。

4 推理・思考（四方図）

・星1つと星2つのところです。女の子から、果物やお花はどのように見えていますか。
合う絵を下から選んで○をつけましょう。
・星3つのところです。子どもたちが机の上の積み木を見ています。それぞれの子どもた
ちから見えている積み木の様子を下から選んで、点と点を線で結びましょう。

5 話の理解

ハートのところを例題としてテスターと一緒に行い、やり方を確認する。

・ハートのところを見ましょう。四角の周りに、メロンとバナナとイチゴがあります。手
前にいるゾウが果物を取りに行きますが、お約束があります。ゾウはメロンを取りには
行けませんが、バナナとイチゴは取りに行けます。では、真ん中の空いている四角には、
どのような道が入ればよいですか。下の4つから合う道を選び、○をつけましょう。
・星1つのところです。ネコはミカンとモモを取りに行けませんが、ブドウとメロンを取
りに行けます。四角に入るとよい道を下から選んで、○をつけましょう。
・星2つのところです。サルはミカンを取りに行けませんが、メロン、モモ、ブドウを取
りに行けます。四角に入るとよい道を下から選んで、○をつけましょう。
・星3つのところです。イヌはモモを取りに行けませんが、バナナ、ブドウ、ミカンを取
りに行けます。四角に入るとよい道を下から選んで、○をつけましょう。
・星4つのところです。クマはモモとメロンを取りに行けませんが、バナナ、ブドウ、ス
イカ、ミカン、イチゴを取りに行けます。四角に入るとよい道を下から選んで、○をつ
けましょう。
・星5つのところです。パンダはミカンとイチゴを取りに行けませんが、ブドウ、モモ、
バナナ、メロン、スイカを取りに行けます。四角に入るとよい道を下から選んで、○を
つけましょう。

6 言語

・（テレビモニターに映ったテスターが、「かざぐるま」と言いながら音に合わせて手をたた
く）星1つのところです。今、手をたたいた数と同じ数の音でできているものに○を
つけましょう。
・（テレビモニターに映ったテスターが、「コロッケ」と言いながら音に合わせて手をたた
く）星2つのところです。今、手をたたいたように、詰まった音が入っているものに○

をつけましょう。

- 星3つのところです。1段目を見ましょう。イチゴのように「ゴ」で終わるものには○、ネコのように「コ」で終わるものには△、ゴリラのように「ラ」で終わるものには×を、絵のすぐ下の四角にかきます。残りの段もすべてやりましょう。

7 常 識

- 星1つのところです。木になるものに○をつけましょう。
- 星2つのところです。秋に咲くお花に○をつけましょう。
- 星3つのところです。リーンリーンと鳴く虫に○をつけましょう。
- 三角1つのところです。女の子が動物園に行きます。「水の中にもいて、大きくて草を食べる動物が見たいな」と思っています。女の子が見たい動物に○をつけましょう。
- 三角2つと三角3つのところです。それぞれ、仲間ではない生き物を選んで○をつけましょう。

個別テスト 教室で課題を行う。

8 制作・巧緻性

おにぎり、ミニトマト、エビフライが入った楕円形のお弁当箱が描かれたピンクの台紙（A4判）、目玉焼き、ブロッコリー、フォークが描かれた白の台紙（B5判）、レタスが描かれた黄緑の台紙（B6判）が用意されている。各自持参したクーピーペン（12色）、液体のり、はさみを使用する。

- 目玉焼きの黄身、ブロッコリー、フォークに色を塗り、それぞれ周りの黒い線に沿ってはさみで切り取ります。レタスは、周りの黒い線に沿って手でちぎりましょう。切り取った目玉焼きとブロッコリー、ちぎったレタスを、ピンクのお弁当箱からはみ出さないようにのりで貼ってください。のりは、貼るものの真ん中だけにつけましょう。

生活習慣

- おはしを正しく持って、食べ物をつまむように動かしてみましょう。

9 制作・巧緻性

ビーズ6個（白3個、赤、黄色、緑各1個）が入ったプラスチック製のボトル、約80cmの長さの赤いひもが用意されている。

- （テレビモニターにお手本が映し出される）お手本と同じ順番になるように、ビーズをひもに通しましょう。
- ビーズを通したひもをいすの背もたれに巻いて、背もたれの上でチョウ結びをしましょ

う。

集団テスト

教室で課題を行う。

指示行動

テスターがタンバリンをたたいたらひざをたたく、マラカスを鳴らしたら腕を振る、タンバリンを振ったらクルッと回るというお約束で、楽器の音に合わせて動く。

仲間探しゲーム

紫、黄色、ピンクのカードのうちいずれか1枚が各自に配られる。カードには、ネコ、ブタ、イヌの動物のうち1種類と、バナナ、モモ、スイカの果物のうち1種類が描かれている。全員で室内を歩き、お友達に「あなたは何色？　わたしは黄色だよ」などと声をかけ、自分と同じ色のカードを持ったお友達を探す。見つけたら一緒にその場に座る。色のほか、描かれた動物や果物が同じお友達を探す場合もある。

運動テスト

体育館に移動し、4、5グループに分かれて行う。

玉入れ

グループごとに列に並び、1人ずつ床の線に立って向こう側にあるカゴを目がけてカラーのゴムボール（小）を2回投げる。投げ終わったら列の後ろにつき、体操座りをして待つ。

連続運動

グループごとに1人ずつ呼ばれて行う。呼ばれるまで体操座りで待ち、それぞれの運動が終わった後は指示された場所で体操座りをして待つ。青い線からコーンまでスキップで進む→コーンの先に置いてある縄跳びで10回前跳びをする→コーンから青い線まで走って戻る。

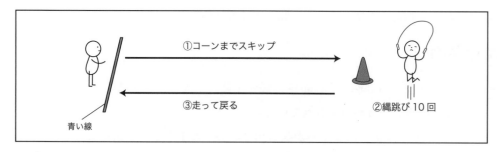

親子面接

保護者には、願書やアンケートの記入内容、子どもが答えたことについての質問もある。

本 人

- お名前と幼稚園（保育園）の名前を教えてください。
- 幼稚園（保育園）では何をして遊びますか。
- お休みの日は何をして遊びますか。

言 語

面接の途中、前の机に呼ばれて着席して行う。テスターが絵を見せながら下記のような質問をし、回答からさらに発展した内容へと質問が続く。絵は日程により異なる。

（公園で花壇の花を抜いている男の子、砂場でけんかをしている子、泣いている女の子の絵を見せながら）

- これは何の絵ですか。
- 男の子は何をしていますか。
- あなたなら男の子に何と言いますか。
- （泣いている女の子をさして）女の子はなぜ泣いていると思いますか。
- あなたなら、泣いているお友達を見たらどうしますか。
- あなたはお友達とけんかをしますか。どのようなことでけんかになるのですか。もしけんかになったら、どうしますか。

（スーパーマーケットの食品売り場で寝転がって泣いている男の子、びっくりしている店員の絵を見せながら）

- これは何の絵ですか。
- どうしてこの男の子は泣いているのですか。
- お店の人はどうしてびっくりしているのですか。
- あなたはお買い物に行きますか。
- お母さまがお買い物で買うものは何ですか。

（道路でボール遊びをしている子、車の前に転がってきたボールにびっくりしている運転手の絵を見せながら）

- これはどこの絵ですか。
- あなたは道路ではどんなことに気をつけていますか。
- 運転手さんはどんな顔をしていますか。
- 車には乗りますか。

・車でどこへ行きましたか。

父　親

・お仕事についてお聞かせください。
・本校へ来たことはありますか。そのときの印象をお聞かせください。
・キリスト教教育についてどのようにお考えですか。
・自宅から最寄り駅までは何分かかりますか。
・本日はアンケートに書かれた所要時間で来ることができましたか。
・夏休みの宿題で手伝える内容はありますか。
・お子さんが好奇心旺盛な子になるために、どのようなことをされてきましたか。
・お子さんが成長したと思うのはどのようなときですか。
・お子さんとの時間をどのようにつくっていますか。
・お子さんと過ごしていて楽しいのは、どのようなときですか。
・お子さんが夢中になっていることは何ですか。
・学生時代に打ち込んでいたことは何ですか。
・ご家庭で大切にしていることは何ですか。

母　親

・女子校を選んだ理由をお聞かせください。
・数ある私立の中から本校を選んだ理由をお聞かせください。
・お仕事についてお聞かせください（テレワークの頻度、送迎について、下校後の対応など）。
・今までの育児で大変だったのは、どのようなことですか。
・お子さんと過ごす中で一番楽しいことは何ですか。
・お子さんの成長を感じるエピソードをお聞かせください。
・ご家庭で大切にしているのはどのようなことですか。
・女性の自立について、大切なことは何だと思いますか。
・今、通っている幼稚園（保育園）を選んだ理由を教えてください。

面接資料／アンケート　面接当日にアンケート（Ａ４判）に記入する。以下のような項目がある。

・本人氏名、生年月日、家族構成。
・仕事や家庭生活について、伝えたいこと。
・通学経路、通学時間、本人の就寝時間、起床時間、食物アレルギーの有無。
※ほかに、志願者の個人写真（縦４cm×横３cm）と志願者を含む家族写真（Ｌ判）を持参し、貼りつける（裏に名前と受験番号を記入するよう指示がある）。

1

2

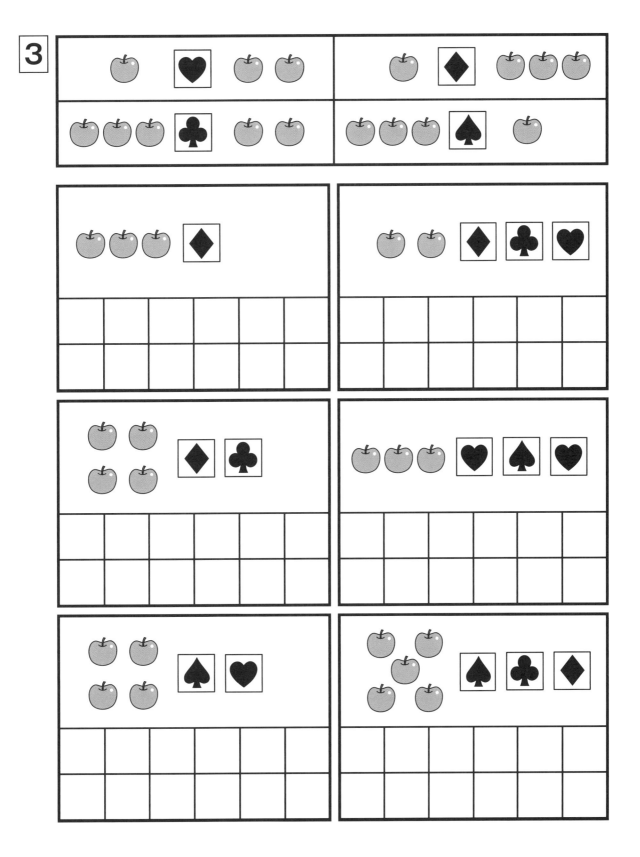

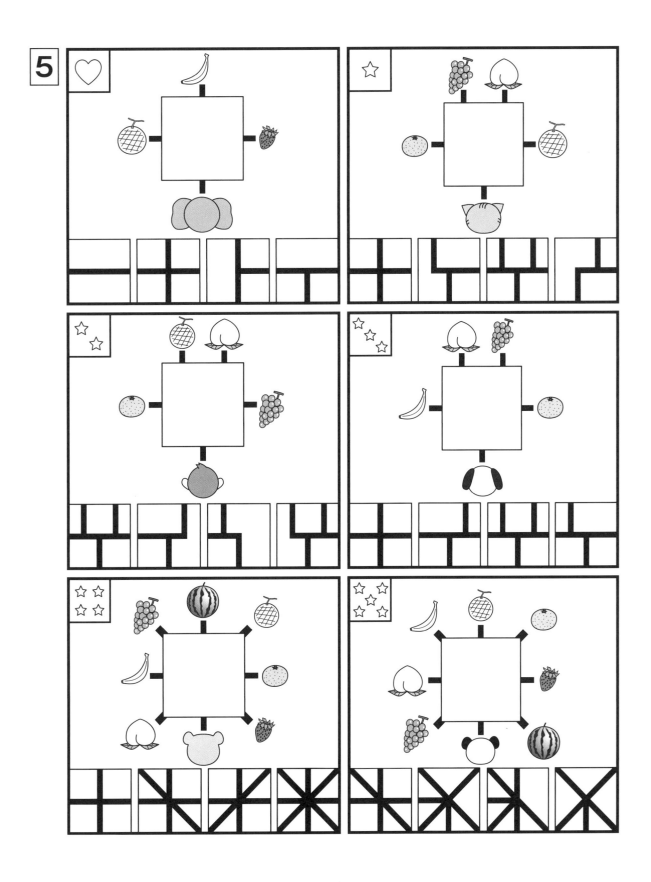

6

7

8

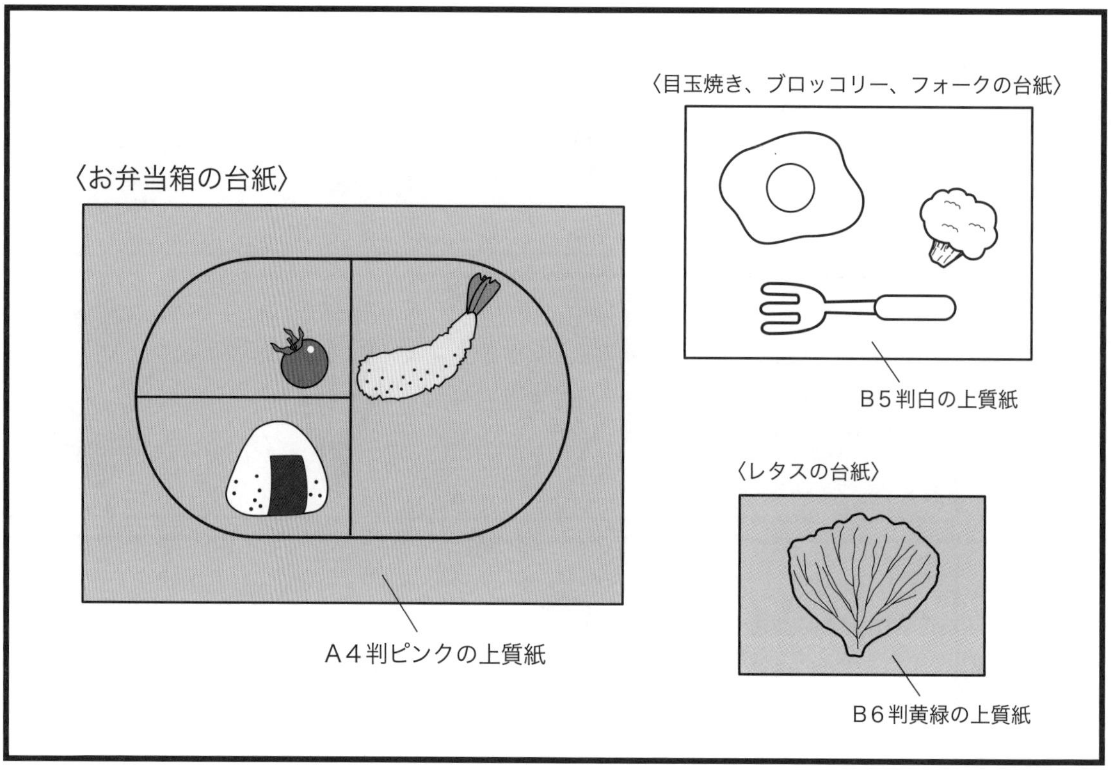

〈お弁当箱の台紙〉

A４判ピンクの上質紙

〈目玉焼き、ブロッコリー、フォークの台紙〉

B５判白の上質紙

〈レタスの台紙〉

B６判黄緑の上質紙

9

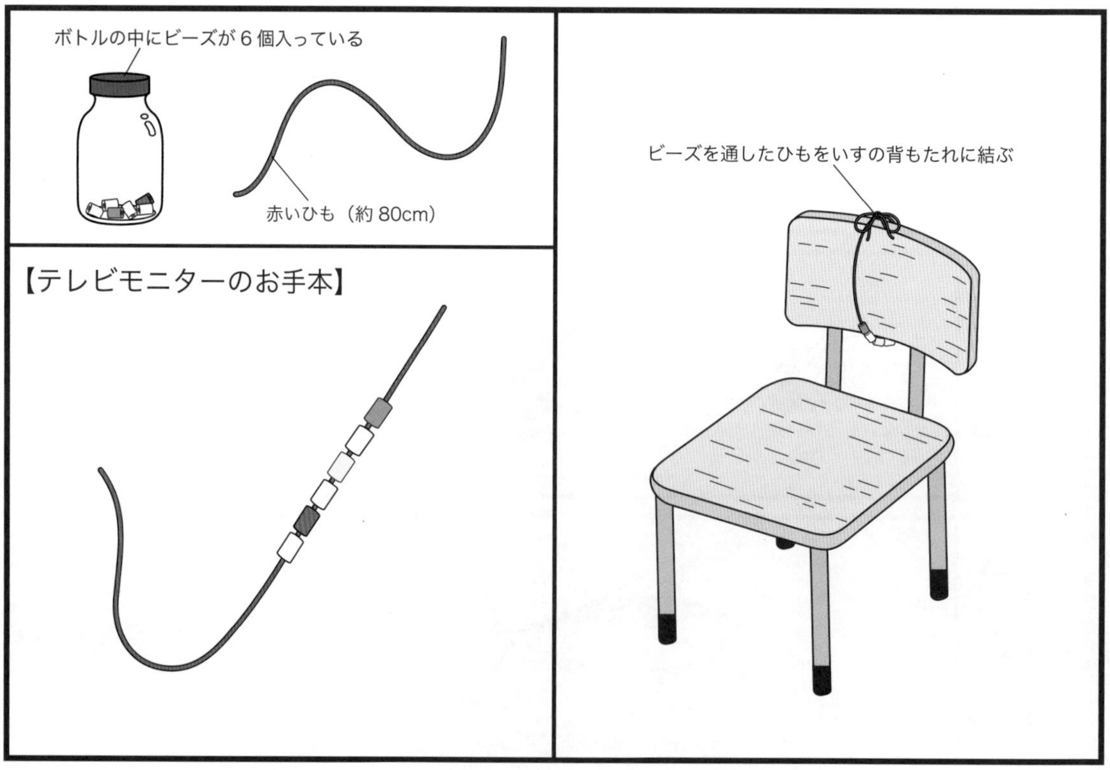

ボトルの中にビーズが６個入っている

赤いひも（約80cm）

【テレビモニターのお手本】

ビーズを通したひもをいすの背もたれに結ぶ

^{section}2022 立教女学院小学校入試問題

■ 選抜方法

考査は1日で、15～20人単位でペーパーテスト、個別テスト、運動テストを行う。所要時間は約2時間。考査日前の指定日時に親子面接があり、当日面接資料とアンケートに記入する。

┃ ペーパーテスト ┃ 筆記用具は鉛筆を使用し、訂正方法は＝（横2本線）。出題方法は音声。

1 数 量

動物たちのお祭りの絵がありますね。

・星1つのところです。絵の中に提灯はいくつありますか。提灯の数だけ、マス目に1つずつ○をかきましょう。

・星2つのところです。キツネが持っている風船のうち、2つが飛んでいってしまいました。それから、風船を新しく4つふくらませて持ちました。今キツネは、風船をいくつ持っていますか。その数だけ、マス目に1つずつ○をかきましょう。

・星3つのところです。絵の中のキキョウとリンドウのお花は、どちらが多いですか。多い方のお花に○をつけ、多い分だけその横のマス目に1つずつ○をかきましょう。

・星4つのところです。クマ6匹が、盆踊りを踊っています。この後4匹やって来て、3匹が帰りました。今、盆踊りを踊っているクマは何匹ですか。その数だけ、マス目に1つずつ○をかきましょう。

・三角1つのところです。キンギョすくいをしているウサギが、キンギョを3匹ずつすくいました。キンギョは何匹残っていますか。その数だけ、マス目に1つずつ○をかきましょう。

・三角2つのところです。リスのお父さんは、お家で待っている4匹の子どもたちにお土産を買おうと思っています。4匹それぞれにわたあめを3本ずつ買いたいのですが、今お店にある数では足りないようです。あと何本あれば、みんなに買うことができますか。その数だけ、マス目に1つずつ○をかきましょう。

・三角3つのところです。リンゴアメが朝1本、昼2本、夜1本売れました。リンゴアメは全部で何本売れましたか。その数だけ、マス目に1つずつ○をかきましょう。

2 話の記憶

「あきちゃんのお父さんは、キノコ採りが得意です。いつもはみんなが寝ている朝早い時

間に、1人でキノコ狩りに行くのですが、今日はあきちゃんと弟のはる君も一緒です。あきちゃんは、ずっと前から『キノコ狩りに行きたいな』とお父さんにお願いしていて、いよいよ今日連れていってもらうことになったのです。昨日は一日中雨が降っていましたが、今日は朝起きると太陽がまぶしいくらいよいお天気です。朝ごはんを済ませて、お父さんが運転する車にみんなで乗り込みました。あきちゃんはお気に入りの赤いリボンのついた帽子をかぶり、はる君は昨日降った雨で地面がぬかるんでいないか心配だったので、青い長靴を履きました。さあ、いよいよ出発です。しばらくすると、山の駐車場に着きました。車から降りると山の入口があり、その先に階段が続いています。『ここから山に入るんだよ』とお父さんに言われたあきちゃんとはる君は、ワクワクしながら『さあ、たくさんキノコを探そうね』と言いました。山のクネクネ道を登っていくと、周りに大きな木が立ち並ぶ広場に着きました。『この辺りにキノコがあるぞ』とお父さんが言ったので、あきちゃんとはる君は一生懸命探しましたが、なかなか見つかりません。『切り株の周りの葉っぱをどけてごらん。葉っぱの下に、キノコが生えているかもしれないよ』とお父さんに言われて、2人は切り株の周りの枯れ葉をどけてみました。すると、どうでしょう。キノコがたくさん生えているではありませんか。『お父さんってすごい！』あきちゃんはうれしくなりました。それから3人で、キノコをたくさん見つけては採り、カゴに入れました。夢中でキノコを探していると、森の奥の方から話し声が聞こえてきました。どうやら、動物たちの話し声のようです。あきちゃんが耳を澄まして聞いてみると、タヌキ君が『僕は大きなお鍋を持ってきたよ』、クマさんは『わたしはブロッコリーとニンジンを持ってきたわよ』、ウサギさんは『ジャガイモを持ってきたわよ』と言っています。その後、キツネ君の声がしました。『僕はキノコを持ってこようと思ったんだけど、お家になかったんだ……』と悲しそうです。『キノコがないと、おいしいスープができないね……』と、みんなの心配そうな声も聞こえました。あきちゃんは、『そうだわ、わたしが採ったキノコを半分分けてあげましょう』と、カゴの中のキノコを半分取って、そっと切り株の上に置きました。そのときです。『さあ、そろそろ帰るよ』とお父さんの声がしました。『はーい！』お父さんのところに戻り、『おいしいスープができるといいな』と思いながら、あきちゃんは車に乗り込みました」

・星1つのところです。キノコ狩りに行った人が描いてある四角に○をつけましょう。

・星2つのところです。あきちゃんがかぶっていた帽子に○をつけましょう。

・星3つのところです。はる君が履いていたものに○をつけましょう。

・星4つのところです。車から降りたあきちゃんが最初に見た景色に○をつけましょう。

・三角1つのところです。あきちゃんたちがお父さんに教えてもらって最初にキノコを見つけたところはどこですか。その場所に○をつけましょう。

・三角2つのところです。大きなお鍋を持ってきた動物に○をつけましょう。

・三角3つのところです。あきちゃんが動物たちのためにキノコを置いたのはどこですか。

その場所に○をつけましょう。

・三角4つのところです。ウサギさんが持ってきたものに○をつけましょう。

3 数　量

・積み木の数だけ、それぞれの右のマス目に1つずつ○をかきましょう。

4 推理・思考（重さ比べ）

・シーソーで重さ比べをしたら、左の絵のようになりました。一番重いものと一番軽いものをそれぞれ右から選んで、一番重いものには○、一番軽いものには×をつけましょう。

5 模　写

・上のお手本と同じになるように、足りないところを描き足しましょう。

6 言　語

・星1つのところです。四角にあるものの名前の初めの音をつなげて、左上の小さな四角にあるものの名前を作ります。使うもの全部に○をつけましょう。

・星2つのところです。それぞれの段で名前を全部しりとりでつなげるには、あと1つ何があるとよいですか。すぐ下の四角から選んで○をつけましょう。

7 常　識

・星1つのところです。飛んでいく種に○をつけましょう。

・星2つのところです。夏によく見る入道雲に○をつけましょう。

・星3つのところです。クリスマスツリーの次の次の次に飾るものに○をつけましょう。

・三角1つのところです。切ったら種があるものに○をつけましょう。

三角2つのところです。

・トンボの羽に○をつけましょう。

・アゲハチョウの羽に△をつけましょう。

・スズムシの羽に□をつけましょう。

・カブトムシの羽に×をつけましょう。

・セミの羽に◇をつけましょう。

個別テスト　　教室で課題を行う。

8 制作・巧緻性

線が3本引かれたピンクと水色の上質紙（B6判）が1枚ずつトレーに用意されている。

各自持参した液体のりとはさみを使用する。

・ピンクと水色の紙の黒い線をはさみで切り、ピンク4枚、水色4枚の短冊にしてください。この8枚の短冊で、ピンク、水色、ピンク、水色の順番になるように輪つなぎをしましょう。

9 制作・巧緻性

汽車が描かれた台紙（B5判）が用意されている。各自持参したクーピーペン（12色）とはさみを使用する。

・汽車に色を塗りましょう。赤、黄色、緑を必ず使うようにしてください。塗り終わったら、汽車の周りの黒い線をはさみで切りましょう。

生活習慣

・おはしを正しく持って、食べ物をつまむように動かしてみましょう。

運動テスト　体育館に移動し、5、6グループに分かれて行う。

縄跳び

縄跳びで前跳びを行う。笛が鳴ったら跳び始め、2回目の笛で跳ぶのをやめる。

連続運動

グループごとに1人ずつ呼ばれて行う。呼ばれるまで体操座りで待ち、それぞれの運動が終わった後は指示された場所で体操座りをして待つ。ボールを両手で持ったまま、床に置かれたフープの中をケンパーケンパーケンケンパーで進む→枠の中でボールを10回つき、終わったらボールをカゴに入れる→マットの上で前転を1回行う→マットの上をアザラシ歩きで進む→6つのコーンの間をスキップでジグザグに進む。

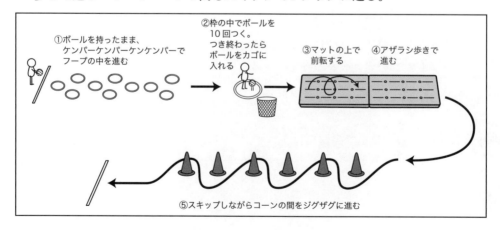

親子面接

保護者には、願書や面接資料、アンケートの記入内容、子どもが答えたことについての質問もある。

保護者と子どもはそれぞれ別室で待機する。待っている間、保護者はアンケートを記入し、子どもはテスターの読み聞かせを聞いたり、お友達と折り紙やお絵描き、輪投げ、ボール回しゲームや音楽に合わせてダンスをしたりする。先に保護者のみが呼ばれて面接が始まり、途中で子どもが入室する。

本 人

- お名前と幼稚園（保育園）の名前を教えてください。
- 幼稚園（保育園）の先生の名前を教えてください。
- （別室で行った内容について）絵本を読んでもらいましたか。どんなお話でしたか。（発展して質問あり）
- （別室で行った内容について）どんな遊びをしましたか。（発展して質問あり）
- 幼稚園（保育園）では何をして遊びますか。（発展して質問あり）
- お家ではどんな遊びをしていますか。（発展して質問あり）
- どのようなお手伝いをしていますか。（発展して質問あり）
- お家では本を読んでもらいますか。（発展して質問あり）
- 運動会ではどのようなことをしましたか。（発展して質問あり）
- 嫌いな食べ物はありますか。（発展して質問あり）

父 親

- 面接資料やアンケートについての確認（最寄り駅、通学経路、所要時間、仕事の内容など）。
- 数ある小学校の中で、本校を志望した理由をお話しください。
- 本校についてどのような印象をお持ちですか。
- 本校を知ったきっかけをお聞かせください。
- 本校について、こんなところが面白いな、と感じるところをお聞かせください。
- 学校説明会や見学会に参加したときの感想をお聞かせください。
- キリスト教教育について、どのように考えていますか。
- 私立の小学校を選んだ理由は何ですか。
- 休日はお子さんとどのように過ごしていますか。
- お子さんとの時間をどのようにつくっていますか。
- 最近、お子さんの成長を感じたことは、どのようなことですか。
- コロナ禍でお子さん同士の交流が減ったと思いますが、どのように過ごしていますか。

母　親

- 面接資料やアンケートについての確認（最寄り駅、通学経路、所要時間、アレルギーについて、出身校、仕事をしている場合は仕事の内容、前職の内容など）。
- （仕事をしている場合）お子さんの送迎は問題ないですか。学校行事や保護者会への参加は可能ですか。
- キリスト教についてのお考えをお聞かせください。
- 学校説明会や見学会に参加した印象についてお話しください。
- 幼稚園（保育園）の先生から、どのようなお子さんだと聞いていますか。
- ご家庭で大切にしていることは何ですか。
- お子さんに、お手伝いはさせていますか。
- しつけで大切にしていることは何ですか。
- 休日はお子さんとどのように過ごしていますか。
- お母さまから見て、どのようなお子さんですか。
- お母さまが小さかったころの、好きな遊びは何ですか。

面接資料／アンケート　面接当日に面接資料（Ａ４判）とアンケート（Ａ４判両面）に記入する。

面接資料は以下のような項目がある。
- 本人氏名、生年月日、家族構成。
- 仕事や家庭生活について、伝えたいこと。
- 通学経路、通学時間、本人の就寝時間、起床時間、食物のアレルギーの有無。
※ほかに、志願者の個人写真（縦４cm×横３cm）と志願者を含む家族写真（Ｌ判）を持参し、貼りつける（裏に名前と受験番号を記入するよう指示がある）。

アンケートは両面に罫線があり、以下のような項目がある。
- 表面は「志望を考え始めた時期」と「学校と家庭の教育方針が一致している点について」。
- 裏面は自由記入欄。

1

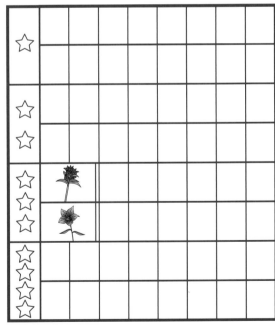

3

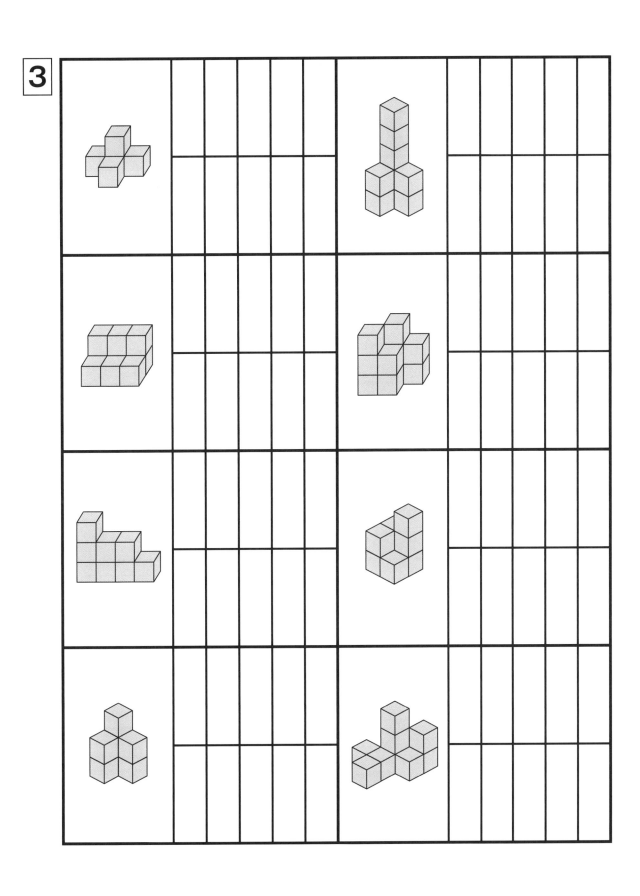

4

5

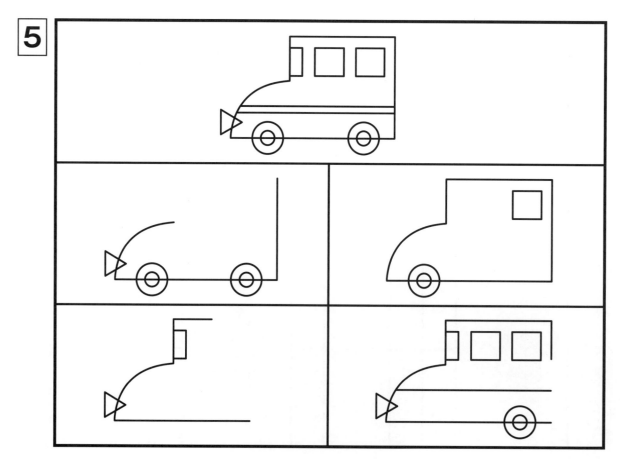

6

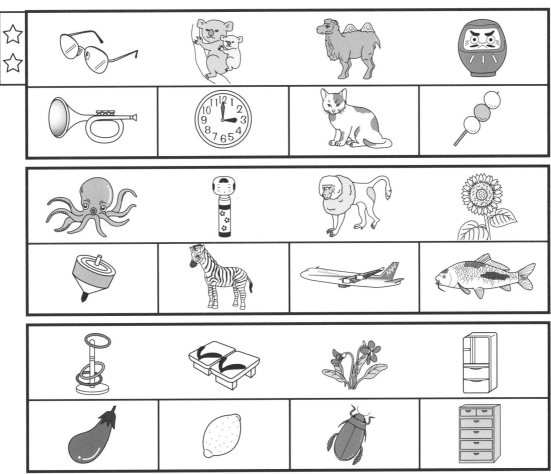

8

B6判の上質紙（ピンク、水色）に
それぞれ線が3本ずつ引かれている

液体のり
のり

はさみ

黄色のトレー

①ピンクと水色の上質紙を
線で切り、8枚の短冊に
する

②液体のりを使い、色が交
互になるよう輪つなぎを
する

【つなぎ方】

9

〈台紙〉

section 2021 立教女学院小学校入試問題

■ 選抜方法

考査は1日で、20〜30人単位でペーパーテスト、個別テスト、運動テストを行う。所要時間は約1時間50分。考査日前の指定日時に親子面接があり、当日2種類のアンケートに記入する。

┃ペーパーテスト┃ 筆記用具は鉛筆を使用し、訂正方法は＝（横2本線）。出題方法は音声。

1 話の理解

動物たちが遊園地で遊んでいる絵がありますね。

- ・星1つのところです。ジェットコースターの後ろから4番目に乗っている動物に○をつけましょう。
- ・星2つのところです。ジェットコースターが発車しようとしたとき、ブタさんが怖くて泣いて降りてしまいました。今、前から5番目に乗っている動物に○をつけましょう。
- ・星3つのところです。コーヒーカップに乗っている動物たちがお話をしています。「わたしは9時に起きたのよ」とネコさんが言いました。「僕は7時に起きたよ」とゾウさんが言いました。ウサギさんは「わたしたちは8時に起きたわ」と言いました。では、一番早い時間に起きた動物に○をつけましょう。
- ・星4つのところです。観覧車が右に回ります。今、ピンクのゴンドラが一番高いところにありますね。では、次の次の次に一番高いところに来るゴンドラは何色ですか。その色のゴンドラに○をつけましょう。
- ・絵の中にあるお城の旗で、3番目に大きい旗に○をつけましょう。

2 数 量

動物たちがキャンプ場に遊びに来ている様子の絵がありますね。

- ・星1つのところです。絵の中にトンボは何匹いますか。その数だけ、マス目に1つずつ○をかきましょう。
- ・星2つのところです。絵の中に、鳥が7羽います。それから3羽飛んでいって、また2羽戻ってきました。今、何羽の鳥がいますか。その数だけ、マス目に1つずつ○をかきましょう。
- ・星3つのところです。テントの中には3人ずつ人が入っています。テントの中にいる人を全部合わせると何人いますか。その数だけ、マス目に1つずつ○をかきましょう。

・三角1つのところです。川で泳いでいる魚を、お母さんグマが3匹捕まえました。魚は川に何匹残っていますか。その数だけ、マス目に1つずつ○をかきましょう。

・三角2つのところです。絵の中のピンクのコスモスと紫のキキョウでは、どちらが多いですか。多い方のお花に○をつけ、違う数だけマス目に1つずつ○をかきましょう。

3 推理・思考（重ね図形）

・左の2枚の絵は透明な紙にかいてあります。2枚の絵をこのままの向きで重ねるとどのようになりますか。右側から選んで○をつけましょう。

4 観察力

・左側に白と黒の模様がかいてある四角があります。白いところが黒に、黒いところが白に変わると、どのようになりますか。右側から選んで○をつけましょう。

5 言語（しりとり）

・全部の絵がしりとりでつながるように、線でつなぎましょう。

6 言　語

・星1つのところです。名前の最初が「ス」で始まるものに○をつけましょう。

・星2つのところです。名前の最後が「リ」で終わるものに○をつけましょう。

7 常　識

・星1つのところです。上の四角に描いてあるお花の茎や葉っぱを下の四角から選んで、点と点を線で結びましょう。

・星2つのところです。四角の中に描いてあるお花の中で、仲よしではないものに○をつけましょう

・星3つのところです。水の中にすむ生き物が描いてありますね。この中で仲よしではないものに○をつけましょう。

・三角1つのところです。お家にある道具が描いてあります。この中で仲よしではないものに○をつけましょう。

・三角2つのところです。さなぎになる虫に○をつけましょう。

・三角3つのところです。種が一番少ない果物に○をつけましょう。

8 観察力（異図形発見）

・上のお手本と違う絵を、下から探して○をつけましょう。

個別テスト | 教室で、5、6人のグループに分かれて行う。

9 制作・巧緻性

ヨットが描いてある台紙（B4判）が用意されている。各自持参したクーピーペン（12色）とはさみを使う。

・クーピーペンを3色以上使って、はみ出さないようきれいにヨットの絵を塗りましょう。塗り終わったら、ヨットの形の黒い太線をはさみで切りましょう。

10 生活習慣

机の上のトレーにスーパーボール2個とひも（約2cm）4本が入った深皿、紙皿（直径約10cm）、子ども用の塗りばし、エプロンが用意されている。立ったままで行う。

・エプロンを腰につけて、ひもは後ろでチョウ結びしましょう。

・深皿に入っているスーパーボールとひもを、おはしを使って紙皿に移しましょう。全部移したら、またおはしを使って最初に入っていた深皿に戻してください。「やめ」と言われるまでくり返しましょう。

・エプロンを外し、ひもが見えないようにたたんで、机の引き出しにしまいましょう。

運動テスト | 体育館に移動し、青、赤、白、黄色の4つのグループに分かれて行う。

🔲 縄跳び

10秒間の練習の後、25秒間前跳びをする。

🔲 連続運動

グループごとに1人ずつ呼ばれて行う。呼ばれるまで体操座りで待ち、それぞれの運動が終わった後は指示された場所で体操座りをして待つ。ジグザグに置かれたフープの中を両足跳びで進む→平均台を渡る→マットの上で2回続けて前転をする。

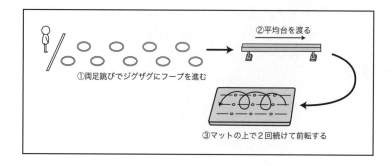

親子面接

願書の記入内容や子どもが答えたことについての質問もある。

保護者と子どもはそれぞれ別室で待機する。待っている間、保護者はアンケートを記入し、子どもはテスターの読み聞かせを聞いたり、お友達とパターンブロックをしたりする。先に保護者のみが呼ばれて面接が始まり、途中で子どもが入室する。

本人

- お名前と幼稚園（保育園）の名前を教えてください。
- （別室で行った内容について）たくさん遊んできましたか。どんな遊びをしましたか。楽しかったですか。（発展して質問あり）
- （別室で行った内容について）絵本を読んでもらいましたか。どんなお話でしたか。（発展して質問あり）
- 幼稚園（保育園）では何をして遊びますか。（発展して質問あり）
- お家ではどんな遊びをしますか。（発展して質問あり）
- どんなお手伝いをしていますか。（発展して質問あり）
- お家では本を読んでもらいますか。（発展して質問あり）

父親

- アンケートについての確認（最寄り駅、通学経路、所要時間、仕事の内容など）。
- 数ある小学校の中で、本校を志望した理由についてお聞かせください。
- 本校の印象はいかがですか。
- キリスト教の教育についてどのようにお考えですか。
- 私立の小学校を選んだ理由は何ですか。
- お子さんが興味を持っていることは何ですか。
- 休日はお子さんとどのように過ごしていますか。
- 平日はお子さんと接する時間をどのようにつくっていますか。
- 最近、お子さんの成長を感じたのはどのようなところですか。
- お子さんと過ごす中で、うれしかったエピソードを教えてください。

母親

- アンケートについての確認（最寄り駅、通学経路、所要時間、アレルギーについて、出身校、仕事をしている場合は仕事の内容、前職の内容など）。
- （仕事をしている場合）お子さんの送迎は問題ないですか。学校行事や保護者会への参加は可能ですか。
- 何校くらいの受験を検討されていますか。

・幼稚園（保育園）の先生からはどのようなお子さんだと聞いていますか。

・お母さまは子どものころ、どのようなお子さんでしたか。

・ご自身が育ってきた中で教わったことのうち、お子さんに特に伝えたいことは何ですか。

・お子さんと過ごす中で、うれしかったエピソードを教えてください。

面接資料／アンケート　面接当日にアンケート２種類（Ａ４判とＡ３判）に記入する。

Ａ４判のものは以下のような項目がある。

・本人氏名、生年月日、家族構成。

・仕事や家庭生活について、伝えたいこと。

・通学経路、通学時間、本人の就寝時間、起床時間、食物アレルギーの有無。

※ほかに、志願者の個人写真（縦４cm×横３cm）と志願者を含む家族写真（Ｌ判）を持
　参し、貼りつける。

Ａ３判のものは２つ折りで両面に罫線があり、内側の面の左側と右側、外側の面の左側に
下記の項目を記入する。

・内側左面は「志望を考え始めた時期」と「学校と家庭の教育方針が一致している点につ
　いて」。

・内側右面は「子育てのエピソードについて（うれしかったこと、ホッコリしたこと、ヒ
　ヤッとしたことなど）」。

・外側左面は自由記入欄。

1

2

3

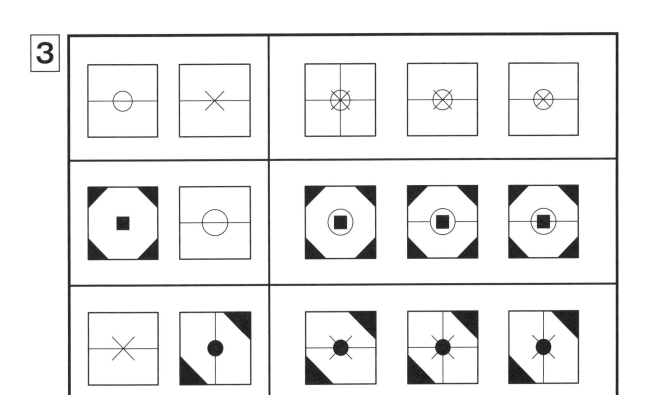

4

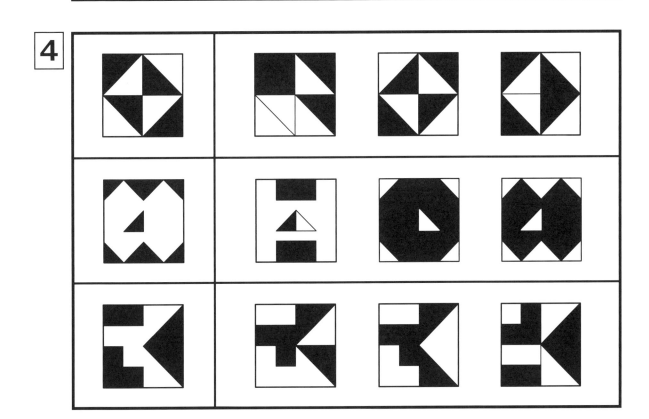

5

6

7

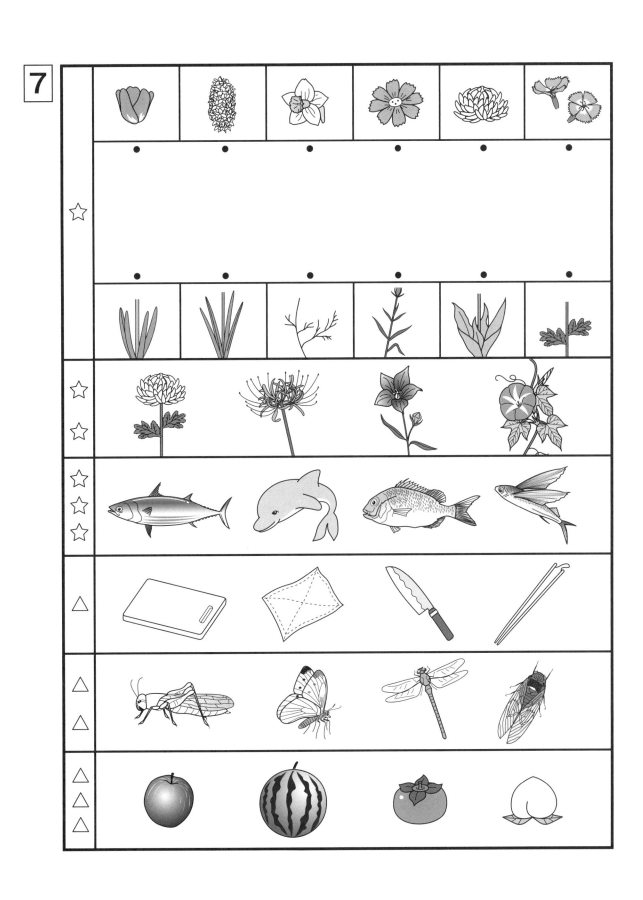

8

9 〈台紙〉

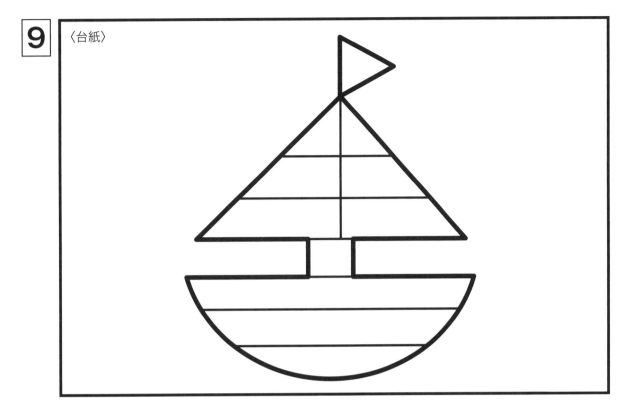

10

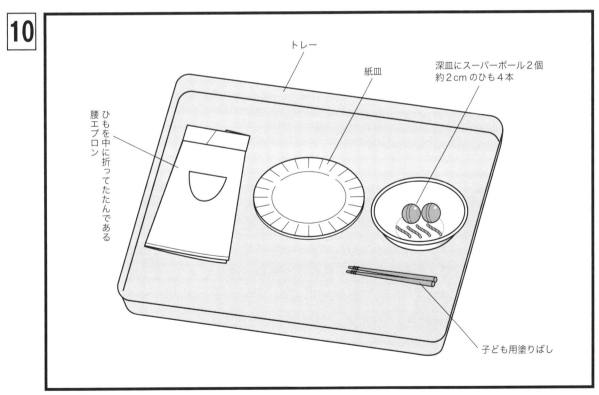

トレー

紙皿

深皿にスーパーボール2個
約2cmのひも4本

ひもを中に折ってたたんである
腰エプロン

子ども用塗りばし

2020 立教女学院小学校入試問題

■ 選抜方法

考査は1日で、20〜30人単位でペーパーテスト、個別テスト、集団テスト、運動テストを行う。所要時間は約2時間15分。考査日前の指定日時に親子面接があり、当日簡単なアンケートに記入する。

┃ ペーパーテスト ┃ 筆記用具は鉛筆を使用し、訂正方法は＝（横2本線）。出題方法は口頭で、話の記憶と常識の一部のみ音声。

1 数 量

動物たちが野原で遊んでいる絵がありますね。

・星1つのところです。絵の中にネズミは何匹いますか。その数だけ横の四角に○をかきましょう。

・星2つのところです。絵の中のリスは最初8個の風船を持っていましたが、いくつか飛んでいってしまって今持っている数になりました。飛んでいった風船の数は何個ですか。その数だけ横の四角に○をかきましょう。

・星3つのところです。絵の中のチョウチョとお花の数はいくつ違いますか。その数だけ横の四角に○をかきましょう。

2 話の記憶

※1のプリントを見ながらお話を聞く。

「ある晴れた日、ネズミ君たちは山に登ることになりました。お弁当やお菓子の入ったリュックサックを背負って、『さあ、あの山の頂上を目指そう』と出発しました。野球をしていたネコのきょうだいが、ネズミ君たちを見て言いました。『あれ、みんなそろってどこに行くの？』『あの山の頂上だよ』とネズミ君たちが答えると、『じゃあ、僕たちも一緒に行くよ』。ネコのきょうだいは、野球をやめて一緒に行くことにしました。歩いていくうちに、今度は大きな木の切り株の上で風船を持ったリスが、『僕も一緒に行ってもいい？』『もちろん』。ネズミ君たちはみんな、並んで歩き始めました。そのうちに、突然1匹のネズミ君が泣き出しました。『どうしたの』とみんなが聞くと、『僕、大切なお菓子を忘れてきてしまったの』。『それならだいじょうぶ。僕のアメを3個あげるよ』とお兄さんのネコ君が言うと、泣いていたネズミ君は喜んで『ありがとう』と言いました。それからしばらくすると、ウサギさんがやって来ました。『おなかがすいちゃったんだけど、わたしだけじゃ寂しいから、みんなと一緒におやつが食べたいな』『それじゃあ、ここでおや

つにしようか』。ネコ君が言って、そこでみんなでおやつを食べました。食べ終わると、山の頂上を目指してまた出発です。しばらく歩いていくと、雨が降り始めました。『大変、どこかで雨宿りをしよう』。みんなは岩の陰に隠れました。すると突然カエルさんが出てきて、『だいじょうぶ、雨はすぐにやむよ』。そのとたん、雨は上がり青空が広がりました。やっと山の頂上に着くと、今度は弟のネコ君が泣き出しました。『さっきおやつを食べたとき、ウサギさんにおだんごとドーナツをあげちゃったから、僕のおやつがなくなっちゃった』。みんなは笑って『だいじょうぶ。今度は僕たちがあげるよ』。そう言うと、弟のネコ君はニコニコ顔になって『じゃあ、みんなでお弁当にしようか』と言いました。みんなは『ネコ君ったら、食いしん坊だね』と笑いました」

・三角1つのところです。お話の中で泣いた動物に○をつけましょう。
・三角2つのところです。ネコ君がネズミ君にあげたおやつに○をつけましょう。
・三角3つのところです。山の頂上に着いたとき、どのようなお天気でしたか。合う絵に○をつけましょう。

③ **常識（季節）**

「はるがきた」のメロディーが流れる。
・星1つのところです。今聴いた曲の季節の、1つ前の季節と仲よしの絵に○をつけましょう。

「たなばたさま」のメロディーが流れる。
・星2つのところです。今聴いた曲の季節の、次の季節と仲よしの絵に○をつけましょう。

「まっかな秋」のメロディーが流れる。
・星3つのところです。今聴いた曲の季節と仲よしの絵に○をつけましょう。

「ジングルベル」のメロディーが流れる。
・星4つのところです。今聴いた曲と同じ季節の様子の絵に○をつけましょう。

④ **常識**

・上です。泳ぐときに使うものに○をつけましょう。
・下です。すべるときに使うものに○をつけましょう。

⑤ **数量（進み方）**

・上の四角を見てください。ブタは一度に点を1つ、ウサギは2つ、クマは3つ、ゾウは4つ進むお約束です。では、下を見てください。それぞれの動物が、今いるところから

線の上を真っすぐお約束通りに進みます。動物同士がちょうど出会う点はどこですか。その点に○をつけましょう。

6 言語（しりとり）

・全部の絵がしりとりでつながるように、線でつなぎましょう。

7 言　語

・星1つのところです。上と下で、最初の音が同じもの同士の点と点を線で結びましょう。
・星2つのところです。上と下で、真ん中の音が同じもの同士の点と点を線で結びましょう。
・星3つのところです。上と下で、最後の音が同じもの同士の点と点を線で結びましょう。

8 推理・思考（回転図形）

・上の形が回って下のような向きになると、形の中の線はどのようになりますか。下の形の中に線をかきましょう。

9 点図形

・上のお手本と同じになるように、下にかきましょう。

個別テスト

10 生活習慣・制作・巧緻性

机の中にエプロン、四角い白い紙、仕切りのある紙皿、クーピーペンが用意されている。
・エプロンをつけて、後ろでチョウ結びをしましょう。
・机の中から白い紙とクーピーペンを出しましょう。紙にクーピーペンで好きな果物を描き、コースターを作りましょう。

エビフライの形が描いてある台紙、はさみが配られる。
・エビフライの形に沿って周りをはさみで切りましょう。

スーパーボール3個、ビーズ5個、短い毛糸が入ったプラスチック製のコップ、塗りばしが配られる。テレビモニターに映るお手本を見てから行う。
・コップをさっき作ったコースターの上に置き、切り取ったエビフライやコップの中のものを、お手本と同じになるようにおはしでお皿に盛りつけましょう。「始め」と言われたら始めて、「やめ」と言われたらおはしを置いてください。コップには手を添えてもよいですが、持ち上げてはいけません。立ったままやりましょう。

・エプロンを外し、ひもが見えないようにたたんで机の上に置きましょう。

集団テスト

教室を移動し、8〜10人ずつのグループに分かれて行う。

集団ゲーム（ジェスチャーゲーム）

2つのグループに分かれて行う。片方のグループは動物が何かの動作をしている様子を描いた絵をテスターに見せられた後、ジェスチャーで表現する。もう片方のグループはそれを見て、どんな動物が何をしている様子なのかをみんなで相談して答える。

集団ゲーム

2つのグループに分かれて行う。1人が片腕にフープをかけた状態で、全員で輪になって隣りの人と手をつなぐ。フープを腕にかけた人は、フープをくぐり抜けて反対の腕にかけたら次の人の腕にフープを渡し、同様に全員がフープをくぐり抜けて次の人に渡していく。

運動テスト

体育館に移動し、グループに分かれて行う。

かけっこ・スキップ・前転

グループごとに1人ずつ呼ばれて行う。呼ばれるまで体操座りで待ち、それぞれの運動が終わった後は指示された場所で待つ。
・スタート地点から青い線の上を走り、マットにタッチして戻る。
・スタート地点から青い線の上をスキップし、マットにタッチして戻る。
・スタート地点から青い線の上を頭の上で手をたたきながらスキップし、マットの上で前転したら向きを変えてもう一度前転し、頭の上で手をたたきながらスキップして戻る。

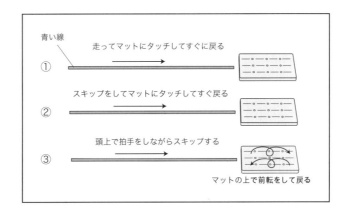

キャッチボール

床の上に赤い線が2本引かれていて、線上の両側にバツ印がある。2人1組になり、1人がボールを持つ。バツ印の上に向かい合って立ち、ボールを持っている人は相手に下手投げでボールを投げる。その後赤い線の上をお互いに向き合って横向きのギャロップで進み、バツ印まで来たらボール持っている人は相手に下手投げでボールを投げる。線の上を横向きのギャロップで戻り、バツ印まで戻ったら同様にボールの投げ受けをする。「やめ」と言われるまでくり返す。

赤い線

2人向かい合いサイドステップし、バツ印のところでボールの投げ受けをくり返す

親 子 面 接

本 人

・お名前、幼稚園（保育園）の名前を教えてください。
・幼稚園（保育園）は楽しいですか。教室では何をして遊ぶのが楽しいですか。
・幼稚園（保育園）には誰とどのようにして行きますか。
・お家ではどのようなお手伝いをしますか。
・遊んでいるときに、仲間に入れないお友達がいたらどうしますか。

11 言 語

本人の面接が終わった後、前の机に呼ばれて着席して行う。テスターが、スーパーマーケットの店内の様子の絵を見せながら質問する。（日程により、公園で遊んでいる様子、幼稚園(保育園)で食事をしている様子、道路にボールが飛び出している様子など、絵は異なる）

・これは何の絵ですか。
・（床に寝転んでいる子、または左下の子を指でさして）この子どもはなぜ泣いていると思いますか。
・（寝転んでいる子の）隣にいる大人はどのような顔をしていますか。
・あなたはスーパーマーケットで何かを買ってもらいたいときはどうしますか。そのとき、「駄目」と言われたらどうしますか。
・お母さまとお買い物に行きますか。お料理のお手伝いはしますか。

父 親

・（アンケートに書いた通学経路、所要時間などから）学校までの道のりについてお聞かせください。子どもの足で、この時間で着きますか。

・説明会のご感想をお聞かせください。本校を受験しようと思った決め手は何ですか。

・お子さんはどのような性格ですか。

・お子さんが最近夢中になっていることは何ですか。

・どのようなお仕事をされていますか。忙しいですか。

・今までに打ち込んできたご趣味はありますか。

・子育てにどのようにかかわっていますか。

・お子さんとの会話、コミュニケーションのとり方についてお聞かせください。

・休日はお子さんとどのように過ごしていますか。

・キリスト教教育についてのお考えをお聞かせください。

・学校行事に時間をつくって出席することは可能ですか。

母　親

・アンケートについての確認（アレルギーの有無、健康状態について、幼稚園や保育園を欠席した理由についてなど）。

・（仕事をしている場合）お仕事についてお聞かせください。

・（仕事をしている場合）入学後しばらくは午前中で学校が終わりますが、大丈夫ですか。

・（仕事をしている場合）お子さんの送迎は誰がしますか。学校行事への参加は可能ですか。

・学校説明会に参加しての感想をお聞かせください。

・本校のどのようなところに興味を持ちましたか。

・食事について、どのようなことに気をつけていますか。

・お子さんは習い事を何かしていますか。お子さんが得意なことは何ですか。

・お子さんの様子について、幼稚園（保育園）の先生からどのように聞いていますか。

・きょうだいでどのように性格が違いますか。下のお子さんとのかかわりはいかがですか。

・本校のどのようなところがお子さんと合っていると思いますか。

・子育ての中で、何か息抜きとしてのご趣味はありますか。

面接資料／アンケート

面接当日にアンケート（Ａ４判）に記入する。以下のような項目がある。

・本人氏名、生年月日、家族構成。

・仕事や家庭での生活について、伝えたいこと。

・通学経路、通学時間、幼稚園（保育園）の欠席日数、本人の就寝時間、起床時間、食物アレルギーの有無。

※ほかに、志願者の個人写真（縦４cm×横３cm）と志願者を含む家族写真（Ｌ判）を持参し、貼りつける（裏に名前と受験番号を記入するよう指示がある）。

1

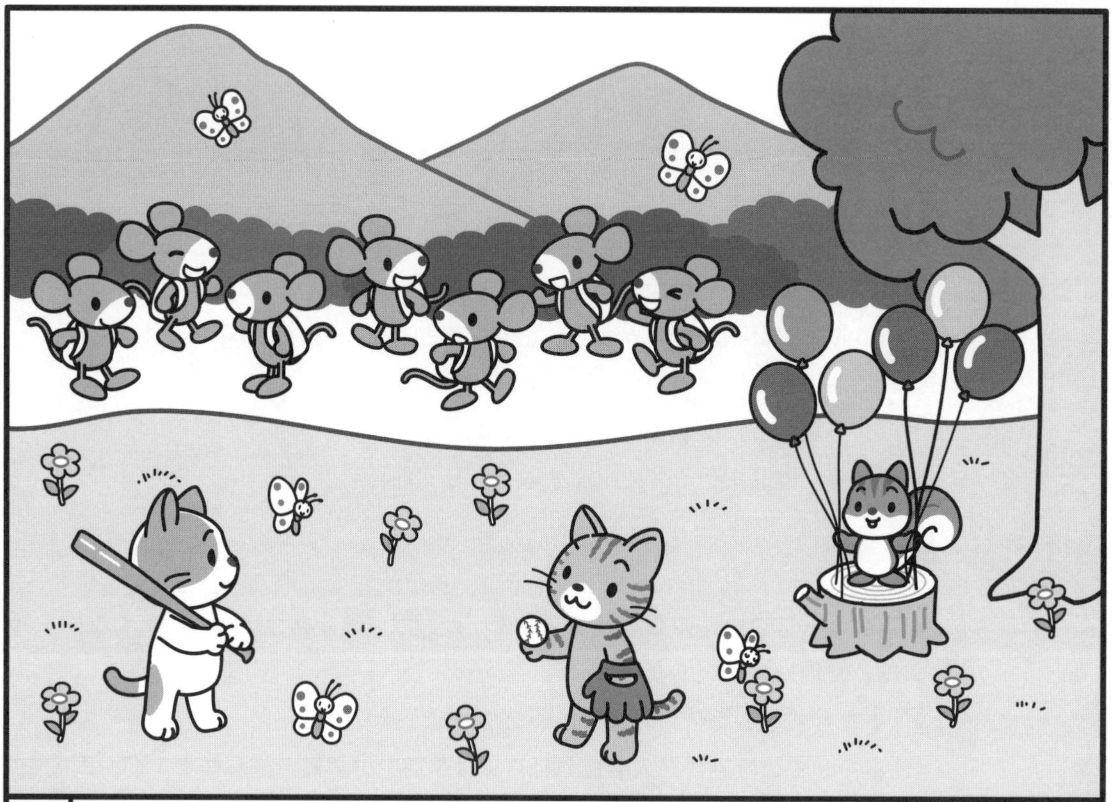

☆	
☆☆	
☆☆☆	

2

△			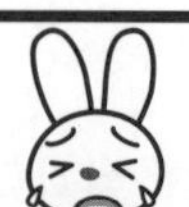	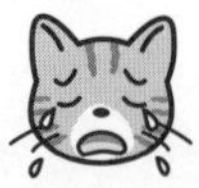
△△		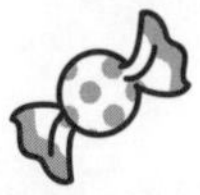	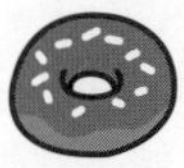	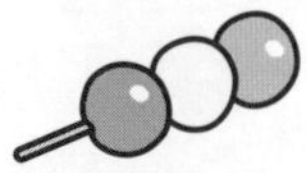
△△△	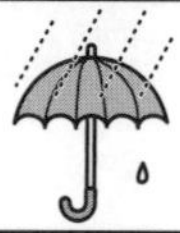		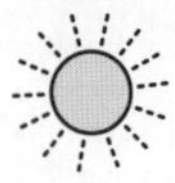	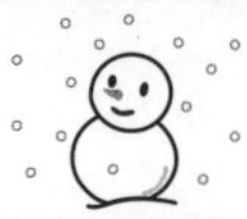

3

4

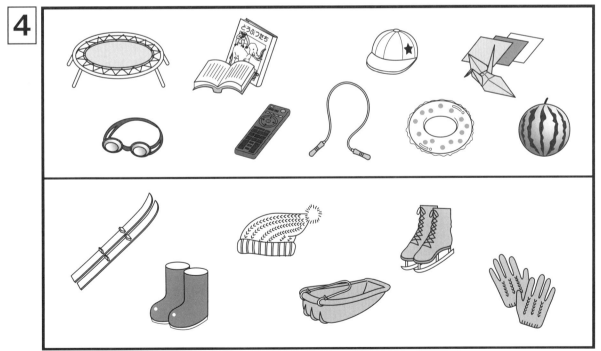

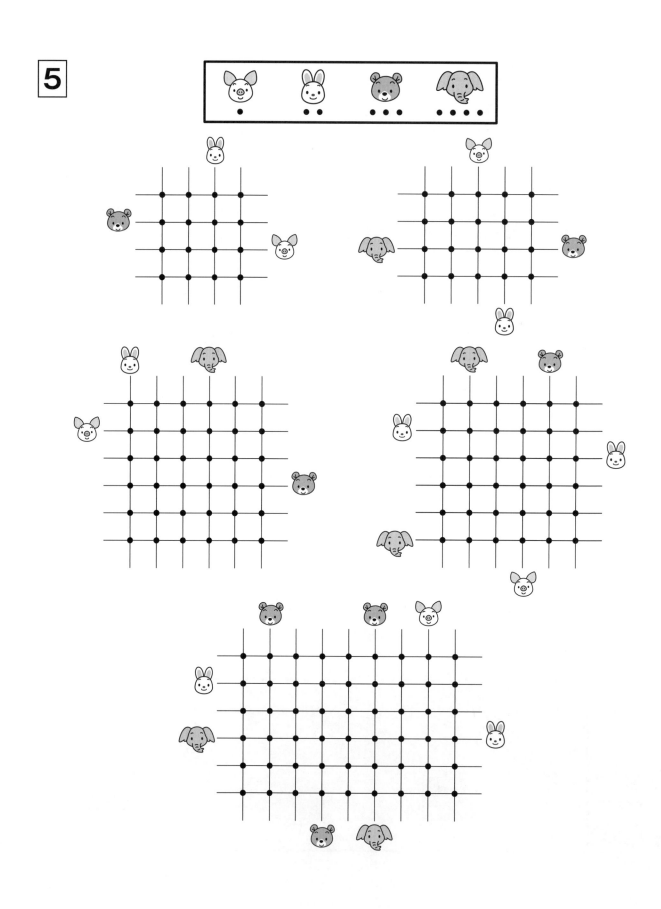

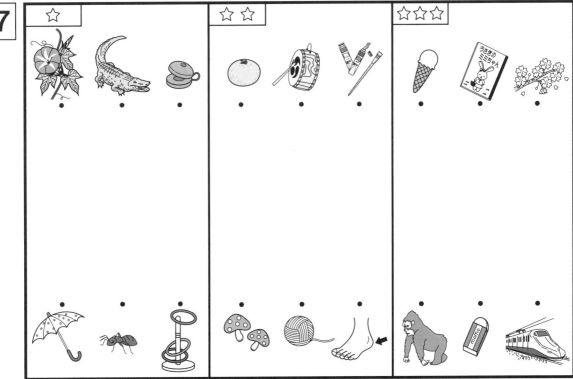

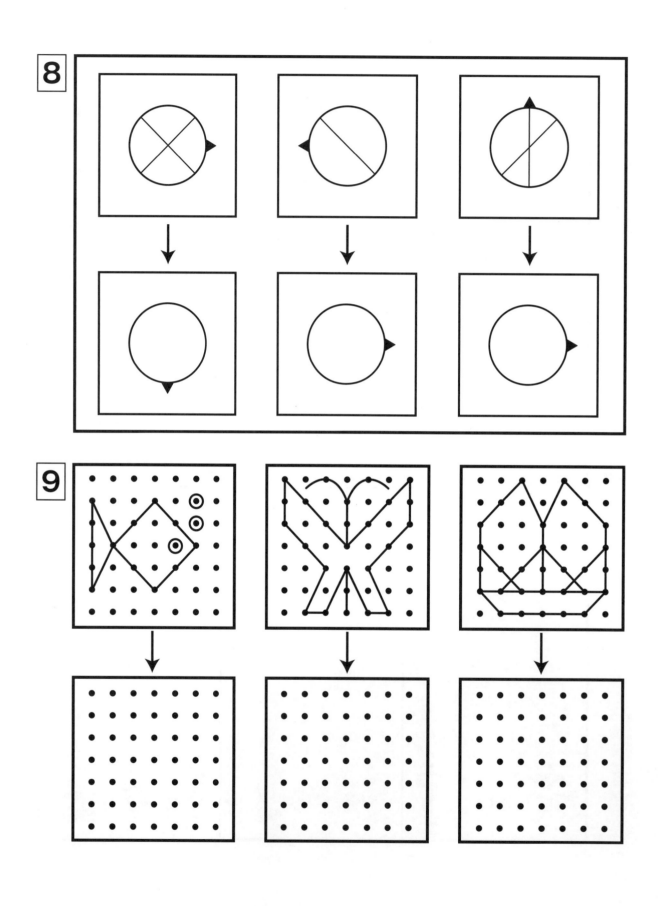

10

〈エビフライの台紙〉

【テレビモニターのお手本】

スーパーボール

毛糸とビーズ

透明なプラスチック
コップの中にスーパー
ボール、ビーズ、
短い毛糸が入っている

果物の絵が描かれた
四角い紙のコースター
をコップの下に置く

11

■ 選抜方法

考査は1日で、20～30人単位でペーパーテスト、個別テスト、集団テスト、運動テストを行う。所要時間は約2時間10分。考査日前の指定日時に親子面接があり、当日簡単なアンケートに記入する。

| ペーパーテスト | 筆記用具は鉛筆を使用し、訂正方法は//（斜め2本線）。出題方法は口頭で、話の記憶のみ音声。 |

1 数　量

・星1つのところです。絵の中にミツバチは何匹いますか。その数だけマス目に1つずつ○をかきましょう。

・星2つのところです。空を飛んでいる気球のうち5つが地面に降りたら、空にはいくつの気球が残りますか。その数だけマス目に1つずつ○をかきましょう。

・星3つのところです。汽車に乗っているウサギとクマが、座っている席を替わりました。では今、後ろから3番目にいるのはどの動物ですか。合うものに○をつけましょう。

2 話の記憶

※1のプリントを見ながらお話を聞く。

「ウサギさんは仲よしのクマ君、キツネ君、タヌキさんと遊ぶお約束をして、汽車に乗って出かけました。駅で降りて歩いている途中、たくさんの人が集まっているところがありました。『あんなに大勢で、何をしているのかな？』とちょっとのぞいてみたくなりましたが、お約束の時間に遅れてしまったら大変です。ウサギさんは待ち合わせの場所に急いで向かいました。みんながそろうとタヌキさんが『おなかがすいたね』と言ったので、みんなでお弁当を食べることにしました。すると、なんとクマ君が泣き出してしまったのです。みんなはびっくりして、クマ君にわけを聞きました。すると、クマ君は『朝、慌てて出かけてきたから、お弁当を忘れちゃったんだ』と言いました。かわいそうに思ったウサギさんが『わたしのおにぎりを1個あげるわ』と言うと、タヌキさんとキツネ君も自分の持ってきたお弁当をそれぞれクマ君に分けてあげました。『みんな、ありがとう。おかげでスペシャル弁当になったよ！』とクマ君も大喜びです。お弁当を食べた後、みんなは公園で遊びました。ウサギさんは砂場でトンネルを作りました。キツネ君はすべり台で楽しそうにしていました。タヌキさんとクマ君は初めはジャングルジムで遊んでいましたが、その後でクマ君はのぼり棒、タヌキさんはブランコで遊び始めました。すると、キツネ君

が『僕も入れて』と砂場にやって来て、ウサギさんの作ったトンネルの前に橋と川を作りました。夕方になって、みんなはお家に帰ることになりました。汽車の駅の方に向かって歩き始めましたが、タヌキさんはお家が近いので、みんなと別れて歩いて帰りました」

・三角1つのところです。お弁当を忘れた動物に○をつけましょう。
・三角2つのところです。砂場で遊んだ動物に○をつけましょう。
・三角3つのところです。のぼり棒で遊んだ動物に○をつけましょう。
・三角4つのところです。電車に乗って帰らなかった動物に○をつけましょう。

3 言語（しりとり）

・上の絵から始めて下の絵までしりとりでつながるように、四角の中の絵を1つずつ選んで○をつけましょう。右も同じようにやりましょう。

4 言　語

・上の段です。かけたり切ったりするものに○をつけましょう。
・下の段です。開いたり閉じたりするものに○をつけましょう。

5 推理・思考（四方図）

マス目の中にかいてある印を、周りにいる動物たちが見ています。
・ハート1つのところです。ゾウからは、印はどのように見えていますか。正しいものに○をつけましょう
・ハート2つのところです。クマからは、印はどのように見えていますか。正しいものに○をつけましょう。

6 常　識

・卵から産まれるものに○をつけましょう。

7 常　識

・左に描いてある生き物がすんでいるところを右から選んで、点と点を線で結びましょう。

8 常　識（季節）

・上の絵と下の絵で仲よしのもの同士を選んで、点と点を線で結びましょう。

9 構　成

・左の形を4枚使ってできている形を、右側から選んで○をつけましょう。形は向きを変

えてもよいですが、裏返したり重ねたりしてはいけません。

10 巧緻性・模写

クーピーペン（12色）が用意されている。

・かばんを描きます。点線を黒でなぞりましょう。

・左の傘と同じものを右側の四角の中に黒で描きましょう。

・洋服を自分の好きな色で塗りましょう。

11 話の理解

※プリントを見ながらお話を聞く。

「ウサギさんは朝の9時に教会に行きます。今日は教会に行った後、ネコさんを誘ってレストランにお昼ごはんを食べに行くお約束です。教会を出て1つ目の角を右に曲がり、角から2軒目のお家がネコさんのお家です。ネコさんのお家からまた1つ目の角を左に曲がり、信号を渡って次の角を左に曲がって進んでいくとレストランがあります。お昼ごはんを食べた後、ウサギさんはお母さんにお手紙を出してきてね、と言われたことを思い出し、レストランを出て右へ行きました。次の角を左、また左というように2回曲がった先にポストがあります。ウサギさんはお手紙を出してから、信号を2つ渡ってお家に帰りました」

・ウサギさんはお家を出てから帰るまで、どのように道を通りましたか。通った道に線を引きましょう。

・ネコさんのお家に○をつけましょう。

・星1つのところです。ウサギさんは、お家を出てから帰ってくるまでに何回角を曲がりましたか。その数だけマス目に1つずつ○をかきましょう。

・星2つのところです。教会は何時に始まりますか。その時間の数だけマス目に1つずつ○をかきましょう。

個別テスト

12 巧緻性

靴の形をした台紙、ひもが用意されている。前方に、靴の台紙の表面と裏面のお手本が掲示される。

・靴の台紙の表も裏も、前にあるお手本と同じになるようにひもを通して結びましょう。

集団テスト

🔖 集団ゲーム（友達作りゲーム）

テスターが、サイ、ゴリラ、ウサギ、カメ、または青、ピンク、オレンジなど、いくつかのものを続けて言う。最後に言った言葉の音の数と同じ人数でグループになり、手をつないで座る。

🔖 玉入れゲーム

床の上に赤、黄色、緑の線が円をかくように何本か引かれている。その中央にカゴが置かれ、赤、黄色、緑の玉がたくさん入っている。テスターに指定された自分の色の玉をカゴから2個取り、どこでもよいのでその色と同じ線に立ってカゴに向かって投げ入れる。入らなかった玉はそのままにしておいてよい。合図があるまで同じことをくり返す。指示があったら協力して床の玉を拾い、カゴに戻す。

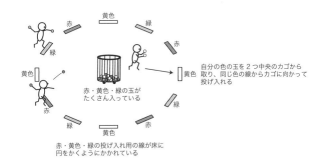

運動テスト ┃ 4つのグループに分かれて行う。

🔖 ギャロップ

テスターのまねをしながら、横向きのギャロップをする。

🔖 連続運動

テスターの合図でスタート地点のコーンからゴール地点のコーンまで走る→そばにあるカゴからボールを1個取り、少し離れたところにあるカゴに投げ入れる。入らなくてもそのままにし、指示された場所で待つ→チーム全員が終えたら、協力して床のボールを拾ってカゴに入れる。

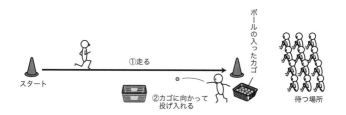

親 子 面 接

本 人

・お名前、幼稚園（保育園）の名前を教えてください。
・好きな本は何ですか。
・幼稚園（保育園）では何をして遊ぶのが好きですか。
・外と中ではどちらで遊ぶのが好きですか。何をして遊ぶのが好きですか。それはどのようにして遊びますか。
・朝ごはんは何を食べましたか。
・お母さまの作るお弁当では何が好きですか。

言 語

本人の面接が終わった後、前の机に呼ばれて着席して行う。テスターが子ども部屋（窓、机、プレゼントの箱、本棚、ウサギのぬいぐるみを抱いた女の子、壁にかけられた幼稚園バッグなどが描かれている）の絵を見せながら、下記のような質問をする。
・（プレゼントの箱を示し）プレゼントの箱には何が入っているとうれしいですか。お友達にプレゼントをあげるとしたら、何をあげますか。
・（ぬいぐるみを示し）ぬいぐるみは好きですか。ぬいぐるみを持っていますか。それでどのようにして遊びますか。
・（本棚を示し）どんな本が好きですか。誰に読んでもらいますか。
・（幼稚園バッグを示し）幼稚園（保育園）に行くとき、かばんに何を入れますか。誰が入れますか。
・（机を示し）引き出しの中には何が入っていると思いますか。
・（窓を示し）この窓から何が見えると思いますか。

父 親

・アンケートについての確認（通学経路など）。
・本校を志望した理由をお聞かせください。

・お子さんの性格について、どのようにお考えですか。

・お子さんを見ていてどのような印象ですか。ご自身が子どものころと比べて似ているところはありますか。

・休日はお子さんとどのようにかかわっていますか。

・休日には家族でどのように過ごしていますか。

・お仕事の内容についてお聞かせください。

・お仕事が忙しい中で、お子さんとかかわる時間はありますか。

・お仕事の経験を通してお子さんに伝えたいことは何ですか。

・（兄がいる場合）お兄さんの通われている学校名を教えてください。

・上のお子さんとの性格の違いを教えてください。

・名前の由来は何ですか。

・本校に期待することは何ですか。

母　親

・アンケートについての確認（幼稚園や保育園の欠席理由、アレルギーについてなど）。

・受験のきっかけはお父さま、お母さまのどちらですか。

・女性の目から見て本校はどのような印象ですか。また、女子校としての印象はいかがですか。

・ご家庭での教育方針をお聞かせください。

・お子さんに本校のどのような点が合っていると思いますか。

・お子さんの成長を感じるのはどのようなときですか。

・お子さんが苦労して乗り越えてきたことはありますか。

・子ども同士のいさかいがあったとき、どのように対処しますか。

・子育てをする中で苦労したことはありますか。

・お母さまの出身校についてお聞かせください。

・お仕事をされていますが、急なお迎えが必要なときの対応は大丈夫ですか。

面接資料／アンケート　面接当日にアンケート（A4判）に記入する。以下のような項目がある。

・本人氏名、生年月日、家族構成。

・仕事や家庭での生活について、伝えたいこと。

・通学経路、通学時間、幼稚園（保育園）の欠席日数、本人の就寝時間、起床時間、食物アレルギーの有無。

※ほかに、志願者の個人写真（縦4cm×横3cm）と志願者を含む家族写真（L判）を持参し、貼りつける（裏に名前と受験番号を記入するよう指示がある）。

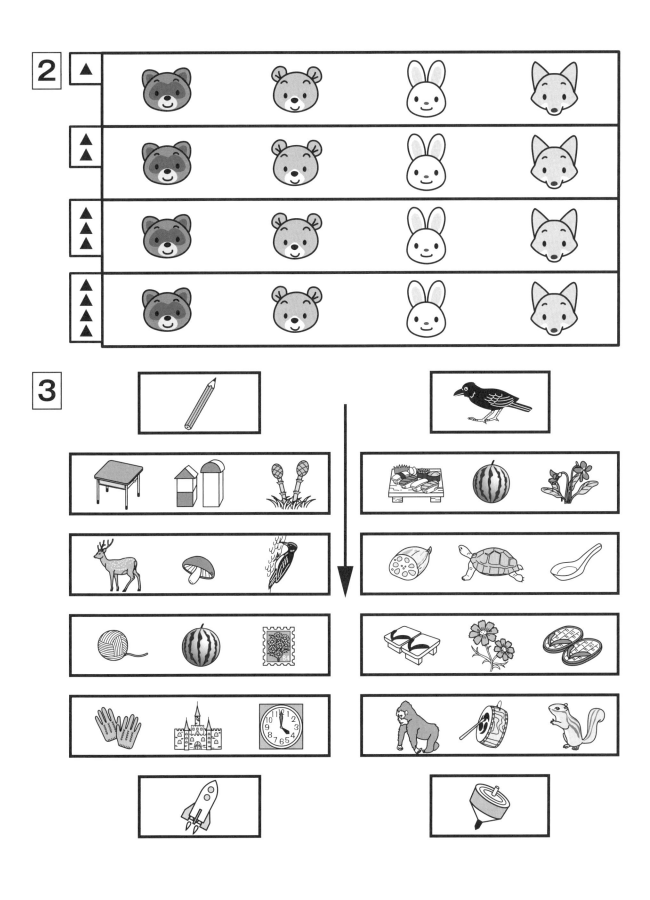

4

5

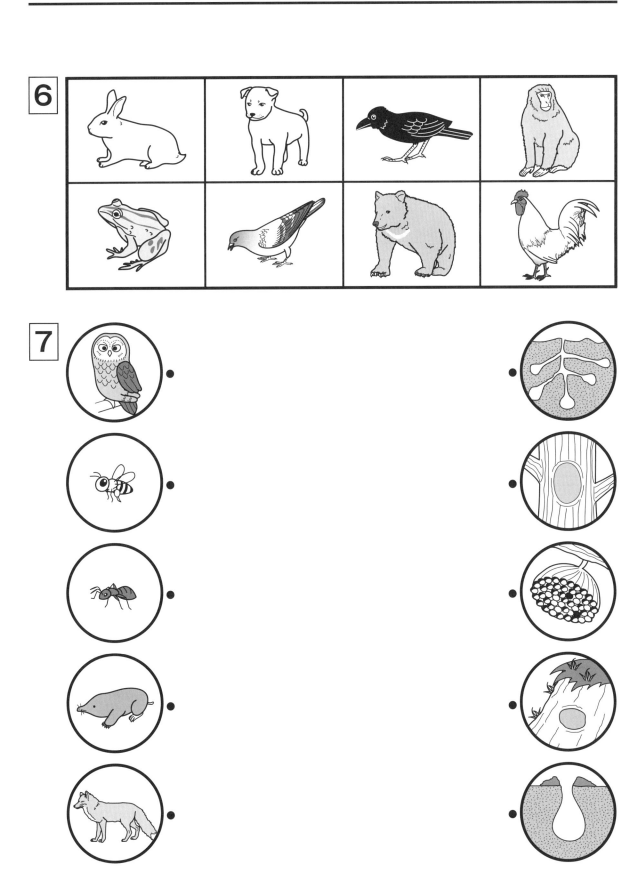

8

9
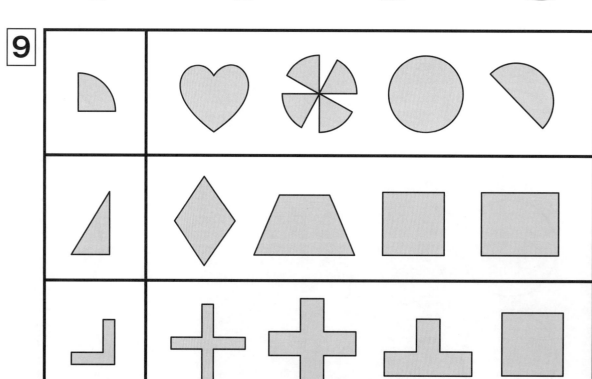

11

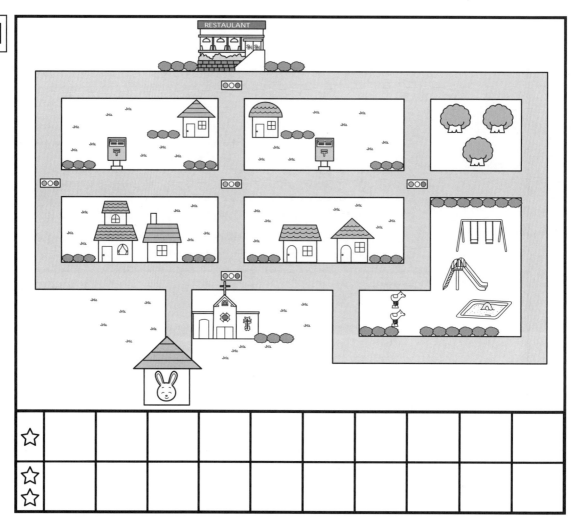

RESTAULANT

☆
☆
☆

12 【お手本】　　　　　　〈表〉　　　　　　〈裏〉　　　　〈台紙〉

section
2018 立教女学院小学校入試問題

■ 選抜方法

考査は2日間で、1日目に20～30人単位でペーパーテスト、2日目に8～10人単位で個別テスト、20～35人単位で集団テスト、運動テストを行う。所要時間は1日目が約1時間、2日目が約1時間30分。考査日前の指定日時に親子面接があり、当日簡単なアンケートに記入する。

考査：1日目

ペーパーテスト ▌ 筆記用具は鉛筆を使用し、訂正方法は ＝（横2本線）。出題方法は口頭で、話の記憶の話のみ音声。

1 話の記憶

「あきら君は1人でお留守番をしていて、お家のリビングのソファで絵本を読んでいます。あきら君の隣では、飼っているネコが寝ています。気持ちよさそうに寝ているネコを見ているうちに、あきら君もウトウトし始めました。するとそのとき、外からドスンと音がしました。あきら君がびっくりして窓から外を見ると、1円玉くらいの大きさの星が落ちていました。あきら君は庭に出て、星を手に取ってみました。『何かなあ。よくわからないな』と思って投げ捨てると、星が落ちた地面から花が咲き始めました。びっくりしたあきら君がその花に触ってみると、花びらがパラパラと落ちて、またそこから花が咲き出しました。みるみるうちに庭中が花でいっぱいになり、足の踏み場もありません。そのうちに、道路の方までどんどん咲き出していきました。辺りが花だらけになってすっかり困ってしまったあきら君がリビングに戻ると、勝手にテレビがつきました。テレビには、街中が花だらけになっている様子が映っています。『大変困ったことになりましたね。おや、町を助けてくれる宇宙人が三角公園にやって来ました。噴水のそばにロケットで着陸したところです。お近くの方はすぐに行ってみてください』というお話が、テレビから聞こえてきました。それを聞いてあきら君は公園に行こうと思いましたが、何だか少し怖くなって、いつも大きな声でワンワンほえる隣のイヌを連れていくことにしました。それでもちょっと心配だったので、頼りないけれどお家のネコも抱っこして公園に行きました。テレビで言っていた通りに、噴水のそばに行くと大勢の人だかりができていて、そこにロケットがありました。あきら君がロケットのそばまで行くと、ロケットの扉が開いて中から見たことのない生き物が出てきました。そして、公園いっぱいに咲いている花を食べ始めました。その生き物は、花を食べながらあきら君のお家の方にどんどん進んでいきます。あきら君は生き物が近づいていくお家のことが心配になって、急いで帰ろうとしました。するとその

ときニャーと鳴き声がして、気がつくとそこはお家のソファの上でした。どうやらあきら君は、夢を見ていたようです。あきら君は、『読んでいた絵本の続きだったんだ。夢でよかったな』とホッとしました」

・星1つのところです。あきら君が飼っている動物に○をつけましょう。
・星2つのところです。ドスンと落ちてきたものの形に○をつけましょう。
・星3つのところです。落ちてきたものと同じくらいの大きさのものに○をつけましょう。
・星4つのところです。何が落ちるとお花が増えましたか。合う絵に○をつけましょう。
・三角1つのところです。お花がどんどん増えていくのを見て、あきら君はどんな気持ちになりましたか。合う様子の顔の絵に○をつけましょう。
・三角2つのところです。あきら君が公園に一緒に連れていった動物に○をつけましょう。
・三角3つのところです。あきら君はテレビのお話を聞いて、公園のどこに行きましたか。合う絵に○をつけましょう。
・三角4つのところです。たくさん増えたお花を食べてくれた生き物は、何に乗ってやって来ましたか。合う絵に○をつけましょう。

2 数　量

動物村でお祭りが行われている様子の絵がありますね。
・星1つのところです。動物は全部で何匹いますか。マス目にその数だけ○をかきましょう。
・星2つのところです。提灯はいくつありますか。マス目にその数だけ○をかきましょう。
・星3つのところです。お御輿を担いで、ウサギが2匹とリスが1匹やって来ました。では今、ウサギは全部で何匹いますか。マス目にその数だけ○をかきましょう。
・星4つのところです。わたあめが朝に2本、昼に1本売れて、今は棚にある数だけ残っています。初めにわたあめは何本ありましたか。マス目にその数だけ○をかきましょう。
・三角1つのところです。絵の中の小鳥が3羽飛んでいって、その後2羽飛んできました。小鳥は全部で何羽になりましたか。マス目にその数だけ○をかきましょう。
・三角2つのところです。絵の中の白いキノコと黒いキノコではどちらが多いですか。多い方に○をつけ、マス目に違う数だけ○をかきましょう。
・三角3つのところです。ウサギが持っている風船のうち、4つが飛んでいってしまいました。では今、風船はいくつ残っていますか。マス目にその数だけ○をかきましょう。
・三角4つのところです。金魚すくいをしているウサギが、キンギョを3匹ずつすくいました。では今、キンギョは何匹残っていますか。マス目にその数だけ○をかきましょう。

3 置　換

・バナナは○、イチゴは×、サクランボは△、パイナップルは◎に置き換えるお約束です。

上のマス目の果物をそれぞれお約束の通りに置き換えて、下のマス目の同じ場所にかきましょう。必ず上の段の左から順に行い、右端までかいたら下の段に進んでください。

4 推理・思考（回転図形）

・左端の形が右に1回コトンと倒れるとどのようになりますか。正しいものをその右側から選んで○をつけましょう。

5 言　語

・三角1つのところです。名前に「ケ」の音が入っているものに○をつけましょう。
・三角2つのところです。名前の最後の音が「カ」のものに○をつけましょう。
・三角3つのところです。名前の2番目の音が「ヒ」のものに○をつけましょう。
・三角4つのところです。名前の3番目の音が「ラ」のものに○をつけましょう。

6 常　識

・星1つのところです。「一寸法師」に出てこないものに○をつけましょう。
・星2つのところです。「さるかに合戦」に出てくる果物に○をつけましょう。
・星3つのところです。「さるかに合戦」に出てくる果物と同じ季節の果物に○をつけましょう。
・星4つのところです。「桃太郎」に出てこないものに○をつけましょう。
・三角1つのところです。赤ちゃんのときは水の中にいる虫に○をつけましょう。
・三角2つのところです。泡のような卵を産む虫に○をつけましょう。
・三角3つのところです。ご飯をよそうときに使うものに○をつけましょう。
・三角4つのところです。ジュージューと音のする料理を作るときに使うものに○をつけましょう。

7 常　識

・上の四角に、いろいろな仕事をしている人の絵があります。それぞれ仲よしのものを下の四角から選んで、点と点を線で結びましょう。
・左下です。上の花と同じ季節に咲くお花を下から選んで、点と点を線で結びましょう。
・右下です。上の野菜を横に切ったときの切り口を下から選んで、点と点を線で結びましょう。

考査：2日目

個別テスト 8～10人のグループで行う。机が横に2つ並んでいる。指示を聞きながら課題を行う。

8 生活習慣・推理・思考

左側の机の前に立つ。机の上に紙皿があり、スーパーボール（直径約2cm）3個、ビーズ（約2cm）3個、チェーン金具（約3cm）3本が入っている。その手前に紙コップ3個、子ども用の塗りばしが用意されている。

- （スーパーボール、ビーズ、チェーン金具のうちどれか1つが入っている缶をテスターが振り、音を鳴らす）この中に入っているものは何ですか。机の上のお皿から選んで、おはしで右（何回か行い、そのたびに左、真ん中など指示が変わる）の紙コップの中に入れましょう。「始め」と言われたらおはしを持ち、「やめ」と言われたらおはしを置いてください。お皿や紙コップに触ってはいけません。

9 制作（水族館作り）

右側の机に移り着席する。机の上に青の色画用紙(横半分に切ったもの)、クレヨン(16色)、つぼのり、はさみ、お手ふきが用意されている。机の中に魚と海藻の輪郭が黒い線でかかれた白い台紙が入っている。

- 水槽作り…テスターが作り方を見せる。青の色画用紙を、のりしろを残して紙の右端が黒い線に合うように折る。その上からのりしろを黒い線で折って重ね、そのままさらに全体を半分に折る。折り目がついたら全部広げて、のりしろにのりをつけ貼り合わせて四角柱にする。できたらお手ふきで手をふく。
- 魚・海藻作り…テスターの口頭指示のみを聞いて行う。机の中から白い台紙を出し、口の開いた魚は赤、口の閉じた魚は黄色、海藻は緑のクレヨンで塗る。塗り終わったら、それぞれ黒い線に沿ってはさみで切り取る。青の色画用紙で作った水槽の正面を決め、そこに赤の魚、反対の面に黄色の魚、空いている好きな面に海藻をそれぞれのりで貼る。作業ごとに時間が区切られており、「やめ」と言われたら次の作業に移る。

集団テスト

▣ 行動観察（水族館見学ごっこ）

個別テストの制作で作った水族館を自分の机に置き、テスターの誘導でほかのお友達と一緒に、みんなが作った水族館を見て歩く。

▣ リズム・身体表現

体育館で20～35人が青、赤、白、黄色の4つのグループに分かれて行う。「おおきなくりのきのしたで」を歌いながら、テスターと同じようにひざ、手、頭をたたく動きをくり返

す。

運動テスト

20～35人が青、赤、白、黄色の４つのグループに分かれて行う。

連続運動

グループごとに１人ずつ呼ばれて行う。呼ばれるまで体操座りで待つ。

・３つのハードルを跳ぶ→床の上に置かれたフープの中をケンパーで進む→ゴム段３本を
それぞれくぐり、跳び、くぐる→マットの上で前転を２回続けて行う→終わったら指示
された色のコーンの場所に行き、体操座りで待つ。

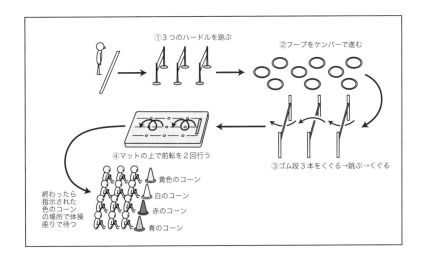

縄跳び

グループごとに４～８人で一斉に行う。「やめ」と言われるまで、縄跳びの前跳びを続ける。

鉄　棒

グループごとに１人ずつ呼ばれて行う。身長ほどの高さの鉄棒をつかみ、「やめ」と言わ
れるまでひざを曲げて、足を床から離してぶら下がる。

親 子 面 接

願書の記入内容についての質問もある。

本 人

・お名前と幼稚園（保育園）の名前を教えてください。
・幼稚園（保育園）には誰とどのようにして行きますか。
・幼稚園（保育園）の先生の名前を教えてください。

・幼稚園（保育園）では何をして遊びますか。
・幼稚園（保育園）で遊ぶお友達の名前を教えてください。

◾ 言 語

本人の面接が終わった後、前の机に呼ばれて着席して行う。テスターが写真または絵を見せながら下記のような質問をする。写真や絵は日時によって異なる。

（ライオン、パンダ、コアラ、カンガルーなど動物の写真を見せながら）
・この中で見たことのある動物や知っている動物はいますか。
・その動物は誰とどこで見ましたか。
・その動物のことで知っていることをお話ししてください。

（オムライス、ハンバーグ、カレーライスなど料理の写真を見せながら）
・この中で好きなものはどれですか。
・この中でお母さまが作ってくれるものはどれですか。
・（選んだ料理は）誰とどこで食べますか。
・苦手な食べ物が出たらどうしますか。

（車、飛行機、新幹線、船など乗り物の写真を見せながら）
・この中で乗ったことのある乗り物はありますか。
・どこに行くときに乗りましたか。そこには誰と行きましたか。

（テニス、スケート、バレーボール、水泳などスポーツの絵を見せながら）
・この中でやったことがあるスポーツはありますか。
・これからやってみたいスポーツはありますか。

父 親

・アンケートについての確認（最寄り駅、通学経路、所要時間、仕事の内容など）。
・数ある小学校の中で、本校を選んだ理由は何ですか。
・私立小学校を選んだ理由は何ですか。
・本校の印象はいかがですか。
・キリスト教の教育について、どのように考えていますか。
・お子さんが興味を持っていることは何ですか。
・お子さんとは休日に何をして遊んでいますか。
・（子どもに姉がいる場合）お姉さまはどこの小学校ですか。（違う小学校に通っている場合）違う小学校を選んだ理由は何ですか。
・最近、お子さんの成長を感じたことは何ですか。

母 親

- アンケートについての確認（最寄り駅、通学経路、所要時間、アレルギーについて、幼稚園（保育園）の欠席理由、出身校、仕事をしている場合は仕事の内容、していない場合は前職の内容など）。
- 受験する小学校はどなたが（お母さまが）決めたのですか。
- いろいろな私学をご覧になったと思いますが、なぜ本校を選んだのですか。
- 幼稚園（保育園）の先生からはどのようなお子さんだと言われていますか。
- 最近、お子さんの成長を感じたことは何ですか。
- お子さんのどのようなところを伸ばしたいですか。そのために何をしていますか。
- ご家庭で大切にしていることは何ですか。
- ご家庭の教育方針を教えてください。
- 子育てで困難を感じることはありますか。
- （きょうだいがいる場合）どのようにお子さんたちとかかわっていますか。
- （仕事をしている場合）送迎は大丈夫ですか。

面接資料／アンケート

面接当日にアンケート（Ａ４判）に記入する。以下のような項目がある。

- 本人氏名、生年月日、家族構成。
- 仕事や家庭での生活について、伝えたいこと。
- 通学経路、通学時間、幼稚園（保育園）の欠席日数、本人の就寝時間、起床時間、食物アレルギーの有無。
- ※ほかに、志願者の個人写真（縦４cm×横３cm）と志願者を含む家族写真（Ｌ判）を持参し、貼りつける（裏に名前と受験番号を記入するよう指示がある）。

1

☆				
☆☆				
☆☆☆				
☆☆☆☆				
△				
△△				
△△△				
△△△△				

3

🍌 banana	○		🍓 strawberry	×		🍒 cherry	△		🍍 pineapple	◎

banana	strawberry	cherry	strawberry	banana	pineapple	cherry	banana	cherry	pineapple
strawberry	cherry	banana	pineapple	cherry	strawberry	banana	strawberry	pineapple	cherry
cherry	pineapple	strawberry	banana	banana	cherry	strawberry	strawberry	cherry	banana
strawberry	pineapple	pineapple	cherry	banana	strawberry	cherry	pineapple	banana	strawberry
cherry	cherry	banana	strawberry	banana	pineapple	cherry	strawberry	pineapple	banana
banana	cherry	strawberry	pineapple	cherry	banana	strawberry	cherry	strawberry	pineapple
cherry	banana	pineapple	strawberry	strawberry	cherry	pineapple	banana	strawberry	cherry

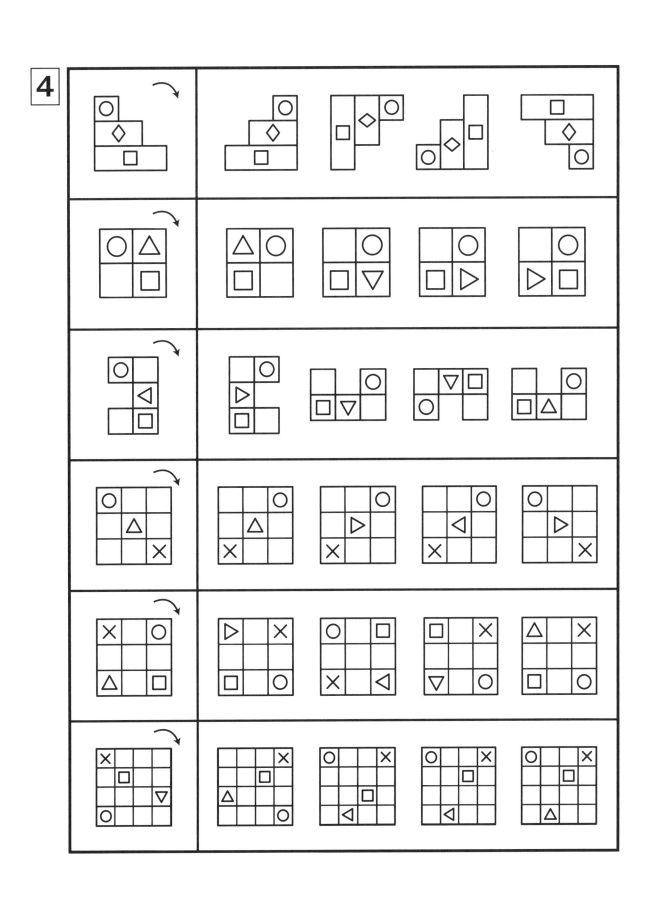

5

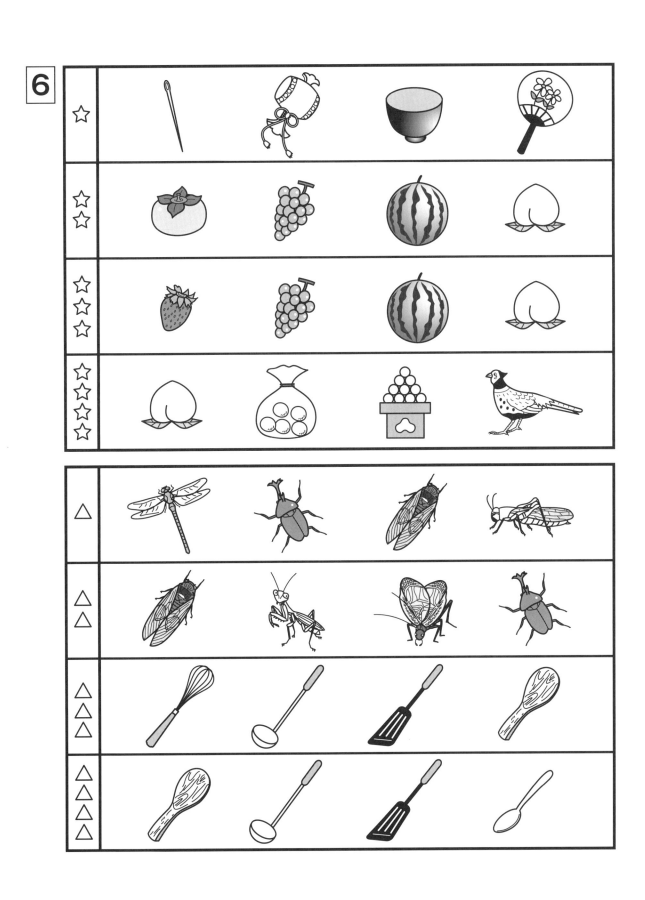

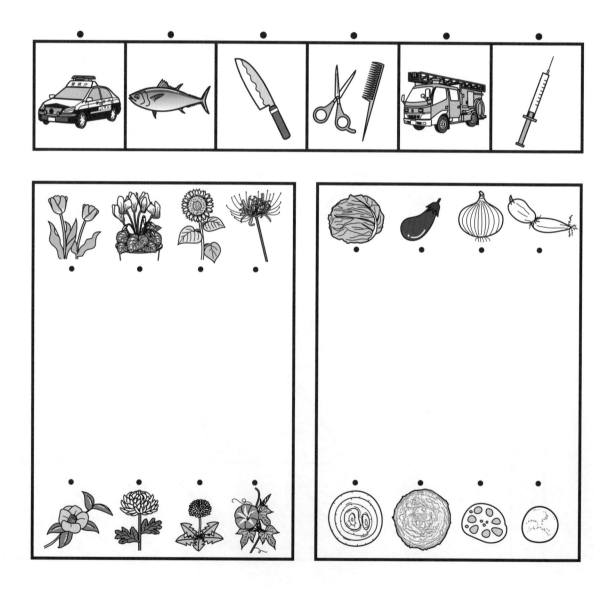

8
9

【机の配置】

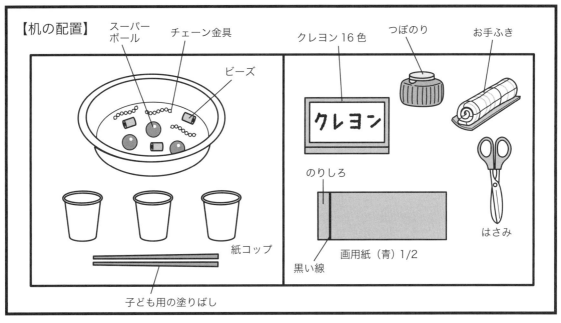

スーパーボール　チェーン金具　ビーズ

クレヨン16色　つぼのり　お手ふき

クレヨン

のりしろ

黒い線　画用紙（青）1/2

はさみ

紙コップ

子ども用の塗りばし

9

【水槽の作り方】

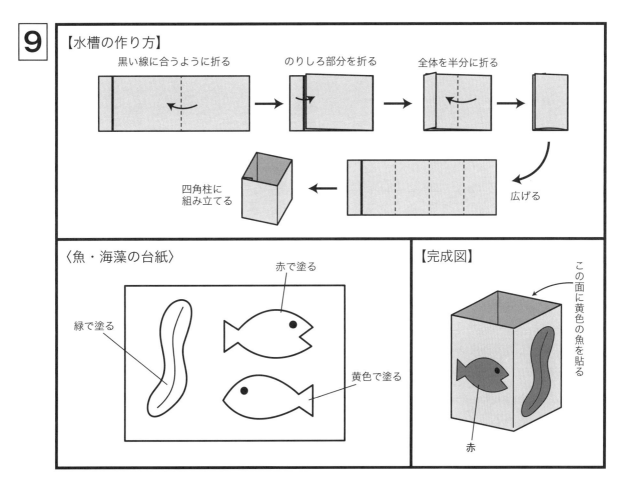

黒い線に合うように折る　のりしろ部分を折る　全体を半分に折る

四角柱に組み立てる　広げる

〈魚・海藻の台紙〉

緑で塗る　赤で塗る　黄色で塗る

【完成図】

この面に黄色の魚を貼る

赤

■ 選抜方法

考査は2日間で、1日目に20〜30人単位でペーパーテスト、2日目に8〜10人単位で個別テスト、18〜20人単位で集団テスト、運動テストを行う。所要時間は2日間とも約1時間30分。考査日前の指定日時に親子面接があり、当日簡単なアンケートに記入する。

考査：1日目

■ ペーパーテスト

筆記用具は鉛筆を使用し、訂正方法は ＝（横2本線）。出題方法は口頭で、一部CDを使用。

---

1 話の記憶

「ヒヨコさん、カエルさん、ネズミさん、アリさん、テントウムシさんたちは野原に散歩に出かけました。お天気がよく、歩いていると暑くなってしまったので、池のほとりで休憩することにしました。ヒヨコさんが『暑いから、池で泳ぎたいね』と話していると、バシャーンと音がしました。見ると、カエルさんが池に入って気持ちよさそうに泳いでいます。『カエルさんはいいなあ。わたしたちは泳げないから、背中に乗せて』とヒヨコさんとテントウムシさんが言いましたが、カエルさんは知らんぷりをして、スイスイと泳いで池の底に潜ってしまいました。みんなが『カエルさんだけ泳いで、ずるいな』と思っていると、テントウムシさんが『いいことを思いついた。みんなで舟を作ってみようよ』と言いました。ヒヨコさんたちも『いい考えだね。賛成！』と言って、さっそくみんなで舟を作る材料を集めることにしました。ヒヨコさんは舟の帆にする葉っぱを、ネズミさんは舟にするクルミの殻を、アリさんは帆の柱にする木の枝を探しに行き、テントウムシさんは帆の葉っぱを木の枝に留めるための毛糸を探しに町に飛んでいきました。しばらくして、みんなが材料を集めて戻り、舟を作り始めました。ネズミさんが持ってきたクルミの殻は半分に割れておわんのような形になっていて、舟にしてみんなが乗るのにピッタリでした。そのクルミの殻に木の枝を立て、葉っぱを毛糸で留めて帆にしました。できあがった舟を池に浮かべてみんなが乗ると、舟は風に乗ってカエルさんのところまでユラユラ進んでいきました。カエルさんはびっくりした様子で、『自分だけ泳いで、ごめんね』と謝りました。それからみんなで仲よく舟に乗って楽しく遊びました」

・星1つのところです。ヒヨコさんたちが散歩に出かけた場所はどこですか。合う絵に○をつけましょう。

・星2つのところです。ヒヨコさんと一緒に散歩をしなかった生き物に〇をつけましょう。

・星3つのところです。舟を作ることを思いついた生き物に〇をつけましょう。

・星4つのところです。ヒヨコさんたちが散歩に行ったときはどのような天気でしたか。合う絵に〇をつけましょう。

・三角1つのところです。テントウムシさんが舟の材料を探しに行った場所はどこですか。合う絵に〇をつけましょう。

・三角2つのところです。ヒヨコさんが舟の材料に探して持ってきたものに〇をつけましょう。

・三角3つのところです。ヒヨコさんたちが作った舟の乗るところは何で作りましたか。合う絵に〇をつけましょう。

・三角4つのところです。ヒヨコさんたちはどのような舟を作りましたか。合う絵に〇をつけましょう。

2 数 量

広場の様子の絵がありますね。

・星1つのところです。ヒマワリは全部で何本ありますか。マス目にその数だけ〇をかきましょう。

・星2つのところです。ウサギとリスを合わせると何匹になりますか。マス目にその数だけ〇をかきましょう。

・星3つのところです。風船を小鳥がくちばしでつついて3個割ってしまいました。風船は全部で何個残りますか。マス目にその数だけ〇をかきましょう。

・星4つのところです。池にカモは何羽いますか。マス目にその数だけ〇をかきましょう。

・三角1つのところです。ヒマワリとキキョウを合わせると何本になりますか。その数だけマス目に〇をかきましょう。

・三角2つのところです。ヒマワリとキキョウではどちらが何本多いですか。多い方のお花に〇をつけ、違う数だけマス目に〇をかきましょう。

・三角3つのところです。絵の中の小鳥が3羽飛んでいき、その後6羽飛んできました。小鳥は全部で何羽になりましたか。マス目にその数だけ〇をかきましょう。

・三角4つのところです。池にいるカメが4個ずつ卵を産みました。卵は全部で何個ありますか。マス目にその数だけ〇をかきましょう。

3 言語（しりとり）

・上の二重四角を見てください。右下の二重丸の中のもので終わるように、しりとりでできるだけ長くつなげたとき、つながる3つに〇をつけます。二重丸の中の「カンガルー」の前につなげるには「カ」で終わるものを探します。すると、「スイカ」がありますね。次に「スイカ」につなげるためには「リス」がその前に、「リス」につなげるためには「ク

リ」がその前に来ますね。「クリ」「リス」「スイカ」「カンガルー」とつながるので、「クリ」「リス」「スイカ」の3つに○をつけます。やり方はわかりましたか。では、下の段の4つの四角も同じようにやりましょう。

4 観察力

・上の四角を見ましょう。ライオン、サル、ウサギ、ブタの順番通りにマス目が縦や横に並んでいるところを探して、4匹の動物を○で囲みましょう。上から下、左から右に並んでいるところは囲めますが、下から上、右から左に並んでいるところ、斜めに並んでいるところは囲めません。また一度囲んだマス目の上から重ねては囲めません。下の四角も同じようにやりましょう。

5 数 量

・それぞれの四角にかいてある形を、マッチ棒ですぐ下に作ります。形ができあがるにはマッチ棒はあと何本必要ですか。マッチ棒の下のマス目にその数だけ○をかきましょう。

6 常 識

・6つの四角にいろいろなスポーツをしている絵が描いてあります。クエスチョンマークの四角で隠れているものをそれぞれの絵の下から1つ選んで○をつけましょう。

7 言 語

・星1つのところです。「はたく」ものに○をつけましょう。
・星2つのところです。「かける」ものに○をつけましょう。
・星3つのところです。「あげる」ものに○をつけましょう。
・星4つのところです。「さす」ものに○をつけましょう。

考査：2日目

| 個別テスト | 8～10人のグループで行う。横1列に机が3つ並んでいる。指示を聞きながら課題を行う。 |

8 生活習慣

左側の机の前に立つ。机の上の左側に紙皿がありスーパーボール（直径2cm）2個、丸いスポンジ（直径1cm）2個、ゴムひも（約3cm）2本、立方体の積み木（1cm角）2個が入っている。右側に空の紙コップ、手前に子ども用の塗りばしがある。

・立ったまま、左の紙皿に入っているものを、おはしで右の紙コップに全部移しましょう。終わったら、またおはしで元の紙皿に戻してください。「やめ」と言われるまでくり返

しやりましょう。

9 巧緻性

真ん中の机に移動する。机の上に赤の綴じひも、ひも通し用の板（穴の1つに赤の綴じひもを通してセロハンテープで固定してある）、ビーズ（白、緑、青各2個）、お手本の写真が用意されている。

・立ったまま、お手本と同じになるように、ひもとビーズを通しましょう。

10 制作（提灯作り）

右側の机に移動する。机の上に実物のお手本、線がかかれたピンクの台紙、緑の綴じひも、つぼのり、はさみ、お手ふきが用意されている。

・いすに座って、線がすべて見えるように台紙を半分に折り、折ったまま線の通りにはさみで切り込みを入れましょう。切り終わったら台紙を開いてのりしろにのりをつけ、筒になるように丸めて貼り合わせてください。緑の綴じひもを切り込みに通し、かた結びをしてできあがりです。

集団テスト

◈ 集団ゲーム（しりとりゲーム）

グループに分かれ、輪になって行う。隣のお友達に風船を渡しながら順番にしりとりをする。前に言われたものはなるべく言わないというお約束がある。

◈ リズム・身体表現

「線路は続くよどこまでも」「どんぐりころころ」を歌いながら、歌に合わせてテスターと同じようにひざや肩をたたいたり拍手をしたりする。

運動テスト

◈ フープ跳び

「やめ」と言われるまで、フープを使って縄跳びのように前回りで跳ぶ。

◈ 連続運動

1人ずつ行う。床の上の6個のフープの中を両足跳びで進む→2本のロープの下を腹ばいでくぐる→マットに引かれたオレンジ色の線の上を後ろ歩きで進む→フープの中に入り、

その場で半回転ジャンプをする→マットで前転を２回する→線まで走る→終わったら指示された色（赤または青）のコーンの前で体操座りをして待つ。

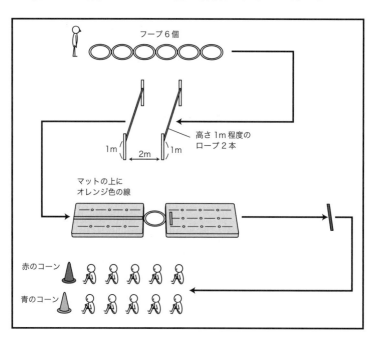

🔲 ボール送り競争

座った場所のコーンの色で赤チームと青チームに分かれ、どちらも２回ずつ行う。

- 体を横にひねってボールを横から後ろの人に送っていく。一番後ろの人はボールを受け取ったら走って列の一番前に並び、またボールを後ろの人に送る。これを一巡するまでくり返して、早く終わったチームの勝ち。２回目も同様に行う。
- 足を開いてボールを足の間を通して後ろの人に送っていく。一番後ろの人はボールを受け取ったら走って列の一番前に並び、またボールを後ろの人に送る。これを一巡するまでくり返して、早く終わったチームの勝ち。２回目も同様に行う。

親 子 面 接   願書の記入内容についての質問もある。

本 人

- お名前と幼稚園（保育園）の名前を教えてください。
- 幼稚園（保育園）に誰とどのようにして行きますか。
- 幼稚園（保育園）の先生の名前を教えてください。
- 幼稚園（保育園）では何をして遊びますか。
- 幼稚園（保育園）で遊ぶお友達の名前を教えてください。

言　語

本人の面接が終わった後、前の机に呼ばれ着席して行う。テスターが写真または絵を見せながら下記のように質問をする。

（ライオン、パンダ、コアラ、カンガルー、トラ、ペンギンなど動物の写真を見せながら）

・この中で好きな動物はいますか。

・その動物を見たことがありますか。

・その動物は誰とどこで見ましたか。

・その動物のことで知っていることをお話ししてください。

（オムライス、ハンバーグ、カレーライス、餃子、お寿司、スパゲティ、サンドイッチなど料理の写真を見せながら）

・この中で今日の夕ごはんにどれが食べたいですか。

・この中で好きなものはありますか。

・（選んだ料理は）誰とどこで食べますか。

・（選んだ料理を）作るお手伝いをしますか。どのようなお手伝いですか。

（昔話の一場面の絵を見せながら）

・この中で知っている昔話はどれですか。

・どのようなお話ですか。お話ししてください。

・どのようなときに絵本を読みますか。誰が読んでくれますか。

父　親

・アンケートについての確認（最寄り駅、通学経路、所要時間など）。

・志望理由をお聞かせください。

・私立小学校を選んだ理由は何ですか。何校くらい検討しましたか。

・本校の印象はいかがですか。

・どのようなお仕事をされていますか。

・キリスト教になじみはありますか。

・お子さんには本校のどのような点が合っていると思いますか。

・お子さんとは何をして遊んでいますか。

・お子さんの幼稚園（保育園）の様子とお家の様子で違う点はありますか。

・お子さんは外で遊ぶのとお家の中で遊ぶのとではどちらが好きですか。

・お子さんはどのようなお手伝いをしていますか。

・お子さんが夢中になっていることは何ですか。

・お子さんと休日はどのように過ごしますか。

・子育てにどのようにかかわっていますか。

・（姉がいる場合）お姉さまはどこの小学校ですか。

・ご趣味は何ですか。お子さんと一緒にすることはありますか。

母 親

・アンケートについての確認（最寄り駅、通学経路、所要時間、アレルギーについて、幼稚園や保育園の欠席理由など）。

・受験する小学校はどなたが決めたのですか。

・小学校を選ぶうえでの決め手は何ですか。

・いろいろな学校をご覧になったと思いますが、なぜ本校を選んだのですか。

・私立と公立の違いは何ですか。

・本校のどこに魅力を感じていますか。

・お子さんに本校のどのような点が合っていると思いますか。

・お子さんへのしつけについてどのようにお考えですか。

・お子さんへの誕生日プレゼントはどのように決めていますか。

・お母さまは女子校出身でしたか。（女子校出身者の場合）女子校はいかがでしたか。

・お仕事をされていますか。

・（仕事をしている場合）送迎は大丈夫ですか。

・（仕事をしている場合）平日の保護者会や急な呼び出しについてどのようにお考えですか。

面接資料／アンケート　面接当日にアンケート（A4判）に記入する。以下のような項目がある。

・本人氏名、生年月日、家族構成。

・仕事や家庭での生活について、伝えたいこと。

・通学経路、通学時間、幼稚園（保育園）の欠席日数、本人の就寝時間、起床時間、食物アレルギーの有無。

※ほかに、志願者の個人写真（縦4cm×横3cm）と志願者を含む家族写真（L判）を持参し、貼りつける（裏に名前と受験番号を記入するよう指示がある）。

1

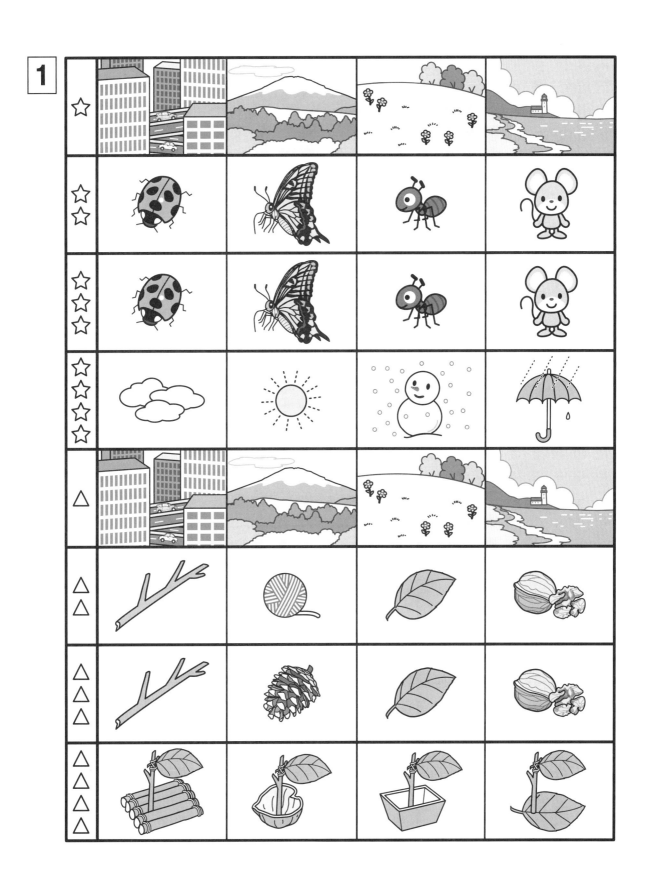

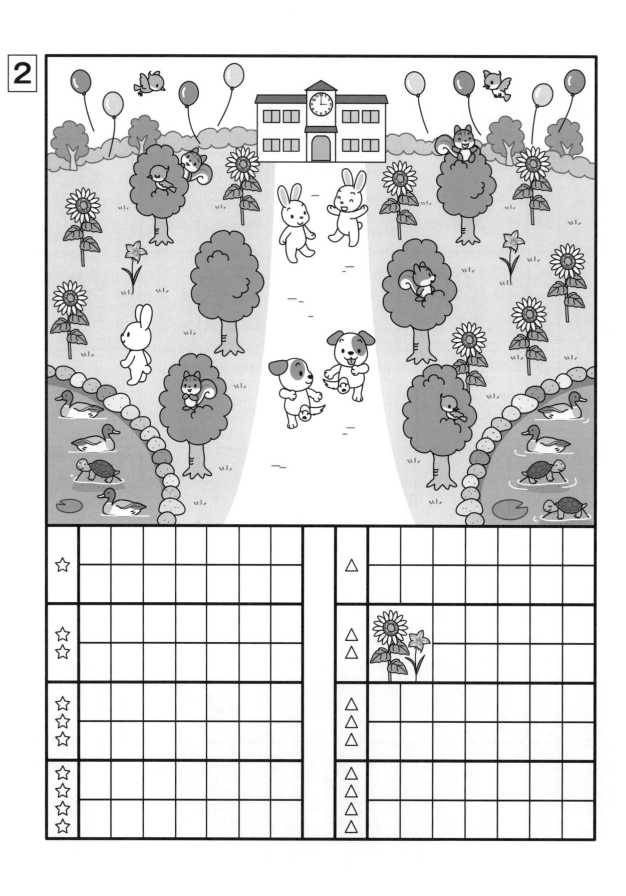

3

4

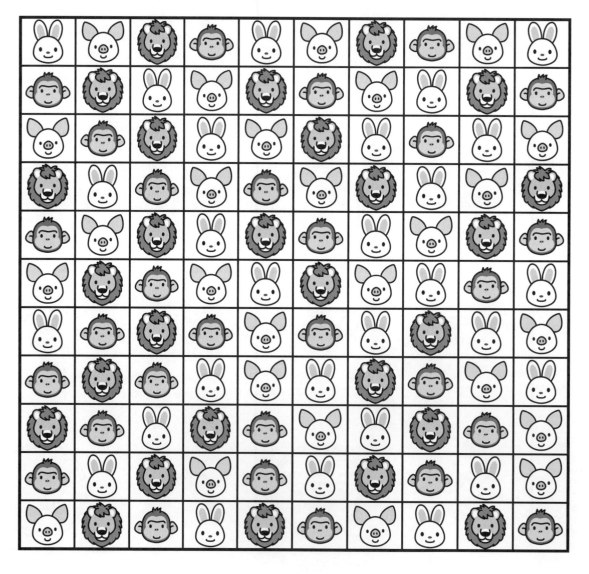

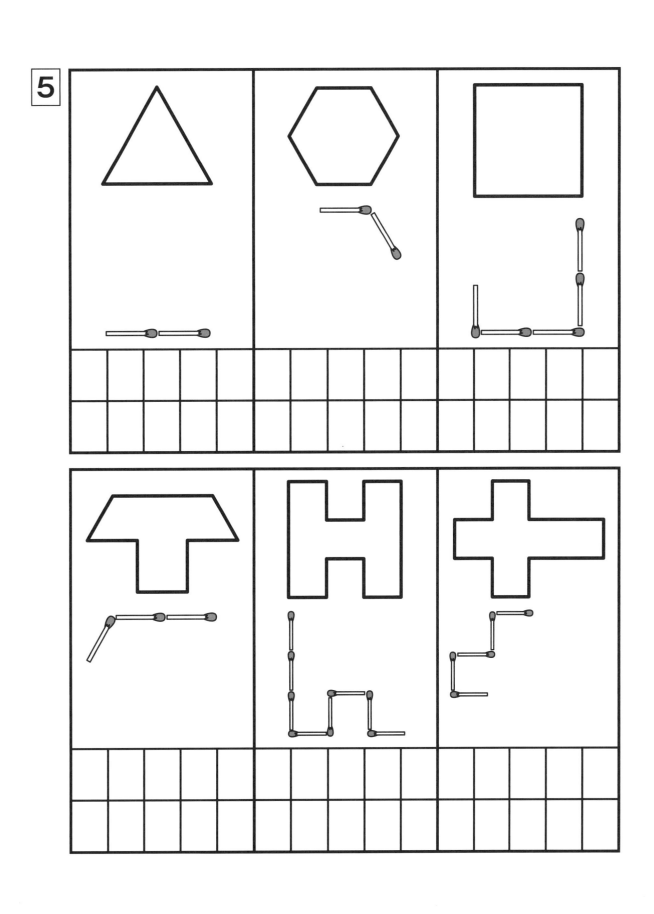

6

7

8
9
10

【机の配置】

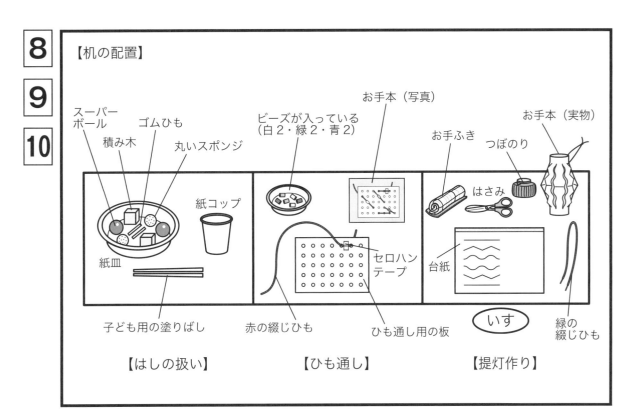

スーパーボール
積み木
ゴムひも
丸いスポンジ
ビーズが入っている（白2・緑2・青2）
お手本（写真）
お手ふき
つぼのり
お手本（実物）
紙コップ
はさみ
紙皿
台紙
子ども用の塗りばし
赤の綴じひも
ひも通し用の板
セロハンテープ
いす
緑の綴じひも

【はしの扱い】　　　【ひも通し】　　　【提灯作り】

9

【ひも通し】

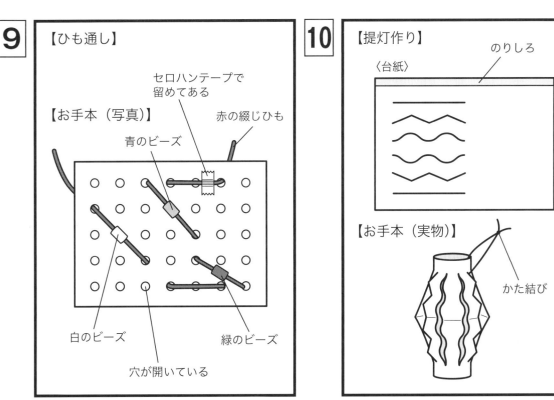

セロハンテープで留めてある
赤の綴じひも
青のビーズ
【お手本（写真）】
白のビーズ
緑のビーズ
穴が開いている

10

【提灯作り】

のりしろ
〈台紙〉

【お手本（実物）】

かた結び

2016 立教女学院小学校入試問題

■ 選抜方法

考査は2日間で、1日目に20～30人単位でペーパーテスト、2日目に6～8人単位で個別テスト、集団テスト、運動テストを行う。所要時間は1日目が約1時間30分、2日目が約2時間。考査日前の指定日時に親子面接があり、当日簡単なアンケートに記入する。

考査：1日目

▌ ペーパーテスト ▌ 筆記用具は鉛筆を使用し、訂正方法は ＝（横2本線）。出題方法は口頭で、一部CDを使用。

1 話の記憶

「山の上にキツネさんのお家がありました。キツネさんはひとりぼっちでお家にすんでいて、いつも心の中で『お友達が欲しいな』と思っていました。ある日キツネさんは、いつものようにお昼ごはんに食べるものを探しに森へ出かけました。いつも季節のおいしいものを探しに森に行くのです。今日はキノコを2本見つけました。キツネさんがお家に帰ろうと歩いていると、木のそばにうずくまっているウサギさんがいました。『どうしたの？』と聞くと、ウサギさんは『この木の根っこにつまずいて転んで動けなくなったの』と言いました。『それは大変！』キツネさんはウサギさんをおんぶして、自分のお家に連れて帰り、けがの手当てをしてあげることにしました。お家に着くとキツネさんはウサギさんがけがをしたところに包帯を巻き、早くよくなるように一生懸命看病をしました。ウサギさんがよろよろと立てるようになると、キツネさんはウサギさんがしっかり歩けるようになるまで一緒に歩く練習をしました。時間がかかりましたがウサギさんは歩けるようになったので、自分のお家へ帰ることにしました。キツネさんは森の途中までウサギさんを送ってあげました。『キツネさん、本当にどうもありがとう』『どういたしまして。治ってよかったね』。ウサギさんを見送るとキツネさんはまたひとりぼっちになってしまい、とても寂しい気持ちになりました。やがて寒い冬がやって来ました。ある日、キツネさんのお家にツバメの郵便屋さんが手紙を届けてくれました。『誰からだろう』と送り主を見てみると、なんとけがをしたウサギさんからでした。手紙には『キツネさん、この間は看病をしてくれてありがとう。足もすっかりよくなりました。春になったら仲よしのリスさんとクマさんと一緒に、キツネさんのお家に遊びに行きます』と書いてありました。手紙を読んだキツネさんはお友達ができて、何だかとってもうれしい気持ちになりました」

・星1つのところです。キツネさんのお家はどこにありますか。合う絵に○をつけましょう。

・星2つのところです。キツネさんはお昼ごはんに何を食べたと思いますか。○をつけましょう。

・星3つのところです。キツネさんがけがの手当てをした動物に○をつけましょう。

・三角1つのところです。キツネさんがその動物と出会った季節はいつですか。合う絵に○をつけましょう。

・三角2つのところです。キツネさんに手紙を届けてくれた生き物に○をつけましょう。

・三角3つのところです。ウサギさんはどうしてけがをしたのでしょう。お話に合う絵に○をつけましょう。

・三角4つのところです。今のお話に出てこなかった動物に○をつけましょう。

2 数 量

森の様子の絵がありますね。

・星1つのところです。カラスが木に8羽とまっています。今1羽飛んでいって4羽木に戻ってきました。カラスは全部で何羽になりましたか。その数だけマス目に1つずつ○をかきましょう。

・星2つのところです。テントの中には3人ずつ人が入っています。全部のテントを合わせると何人いますか。その数だけマス目に1つずつ○をかきましょう。

・星3つのところです。絵の中に咲いているコスモスとキキョウではどちらが多いですか。多い方の絵に○をつけ、違う数だけマス目に1つずつ○をかきましょう。

・三角1つのところです。池の中にいる魚は全部で何匹ですか。その数だけマス目に1つずつ○をかきましょう。

・三角2つのところです。池で釣りをしているおじさんが魚を5匹釣りました。では、池にいる魚は今何匹ですか。その数だけマス目に1つずつ○をかきましょう。

3 系列完成

・それぞれの段にいろいろな形が決まりよく並んでいます。では、点線の四角に入る形をすぐ下の長四角から選んで○をつけましょう。下まで全部やりましょう。

4 言 語

・いろいろな絵が描いてありますね。この中から名前のどこかに「タ」の音があるものを見つけて○をつけましょう。

5 言 語

・白星1つのところです。上に「ネコ」が描いてあります。下の絵の中で名前の初めの音

をつなぐと「ネコ」になるものを選んで○をつけましょう。初めの音が「ネ」なのは「ネズミ」、次の「コ」が初めの音なのは「コマ」なので「ネズミ」と「コマ」に○をつけます。同じように黒星1つ、白星2つ、黒星3つのところもやりましょう。

6　常　識

・左の列に野菜や果物の絵が描いてあります。真ん中の列には左の野菜や果物を縦に切った絵、右の列には横に切った絵が描いてあります。それぞれ同じ野菜や果物を探して、点と点を線で結びましょう。

7　常　識

・左上の四角に大きさも砂の量も全く同じ砂時計が描いてあります。長い時間がたった方の砂時計はどちらですか。○をつけましょう。
・右上の四角には海の中に潜っている潜水艦の絵が描いてあります。魚が窓から中をのぞいています。人がたくさん乗っている潜水艦はどちらですか。○をつけましょう。

すぐ下の段です。男の子と女の子、男の子と女の子とおばあさんのお話を聞いて、正しいことを言っている人に○をつけましょう。
・上の段の左です。「ダンゴムシがすんでいるのは土の中だよ」と男の子が言いました。「ダンゴムシがすんでいるのは枯れ葉の裏だよ」と女の子が言いました。正しい方に○をつけましょう。
・上の段の真ん中です。「トンボの幼虫は川にすんでいるよ」と男の子が言いました。「トンボの幼虫は海にすんでいるよ」と女の子が言いました。正しい方に○をつけましょう。
・上の段の右です。「ヤゴはカマキリになるよ」と男の子が言いました。「ヤゴはトンボになるよ」と女の子が言いました。正しい方に○をつけましょう。
・下の段の左です。「カブトムシの幼虫は土の中にすんでいるよ」と男の子が言いました。「カブトムシの幼虫は土の上にすんでいるよ」と女の子が言いました。正しい方に○をつけましょう。
・下の段の右です。「食事は好きなものから食べるのではなく、野菜、お肉、ご飯というように順番に食べるといいわね」とおばあさんが言いました。「おかずを全部食べてからご飯を食べるといいよ」と男の子が言いました。「私はすぐおなかがいっぱいになるから、好きなものだけ食べるわ」と女の子が言いました。正しいことを言っている人に○をつけましょう。

8　常　識

・星1つのところです。今から音が聞こえてきます。それは何の楽器の音でしょうか。正しい絵に○をつけましょう。（ピアノのメロディーが聞こえる）

※星２つと星３つも同じように出題される。星２つはバイオリンの音、星３つは太鼓とラッパの音がそれぞれメロディーで聞こえてくる。

考査：2日目

個別テスト

約８人のグループで行う。向かい合わせに机が配置され、１人ずつそれぞれ机の上で、指示を聞きながら課題を行う。

9 生活習慣

机の前に立つ。机の上に塗りばし、左側に紙皿がありスーパーボール（直径２cm）１個、粘土玉（直径約1.5cm）２個、モール（約３cm）３本、ビーズ３個、積み木（２cm角）１個、短く切ったストロー３本が載っている。右側に空の紙皿がある。

・左のお皿に入っているものを、おはしで右のお皿に全部移しましょう。終わったら、またおはしで元のお皿に戻してください。

10 制作（ドレス作り）

各自の机の上に、ドレスが半分だけ描かれたＢ４判の台紙、クレパス（16色）、つぼのり、はさみ、お手ふきが用意されている。グループごとに、モール（約３cm）、リボン、ストロー、丸、三角、四角にカットされた色つきの厚紙（約３cm大）、折り紙が用意されている。

・台紙の縦の点線を山折りにして、紙を重ねたままはさみで外側の黒い線に沿ってドレスを切り取りましょう。ドレスの中の点線の下からフリルの上までを好きな色で塗ってください。用意されているものを使って、好きなようにドレスに飾りをつけましょう。

集団テスト

個別テストの部屋から別の教室に移動して、約８人のグループで行う。

集団ゲーム（言葉遊び）

輪になり手を２回たたいた後、お花の名前を順番に言っていく。同様に動物、乗り物、海の生き物などのテーマで行う。言えないときは前の人に戻り、考える時間をもらえる。

運動テスト

連続運動

４人ずつ一斉に行う。

４色（赤、黄色、白、青）のコーンのうち指示された色の前に立つ→ケンケンパーケンパーパーケンパー（床に印がかいてある）→高さ約40cmのゴム段を両足で跳ぶ→高さ約90cmのゴム段をくぐる→高さ約40cmのゴム段を両足で跳ぶ→青いマットに向かって走っていき、マットにタッチする→マットの上でクマ歩きをする→ゴールにある指示された色のコーンのところに行き体操座りで待つ。

縄跳び

４人ずつ一斉に「やめ」と言われるまで、縄跳びの前跳びをする。

親 子 面 接 願書の記入内容についての質問もある。

本 人

- ・お名前と幼稚園（保育園）の名前を教えてください。
- ・幼稚園（保育園）にはどのようにして行きますか。
- ・幼稚園（保育園）の先生の名前を教えてください。
- ・幼稚園（保育園）のお友達は何人いますか。
- ・幼稚園（保育園）では何をして遊びますか。
- ・お友達と何をしているときが楽しいですか。
- ・お家ではどのようなお手伝いをしますか。
- ・お父さまとは何をして遊びますか。
- ・（きょうだいがいる場合）どのようなことをして遊びますか。
- ・好きな絵本は何ですか。

言 語

絵を１枚見せられる（ハンバーグ、カレーライス、ピザ、お寿司、おそばなどの絵が描いてある）。

- ・この中で好きなものはありますか。
- ・それはどこで誰と食べましたか。
- ・お家でよく食べるものはどれですか。
- ・お家でお料理のお手伝いはしますか。どのようなお手伝いですか。
- ・ほかにはどのようなお手伝いをしますか。

父 親

- ・アンケートについての確認（通学経路、所要時間など）。
- ・志望理由をお聞かせください。

・小学校から女子校ということについて、どのようにお考えですか。
・本校に入学するにあたって何か不安なことはありますか。
・ご自身が学生時代に夢中になったことは何ですか。それは子育てに影響していますか。
・お子さんとは、休日はどのようにして過ごしていますか。
・（上の子がいる場合）お子さんと上のお子さんとの違いはどのようなところですか。
・奥さまはどのような母親だと感じられますか。

母 親

・アンケートについての確認（通学経路、所要時間、アレルギーについて、幼稚園や保育園の欠席理由など）。
・いろいろな私立小学校をご覧になったと思いますが、なぜ本校を選んだのですか。
・女子校についてどのように思われますか。
・どうして女子校を選んだのですか。
・お子さんが夢中になっていることは何ですか。
・ご自身が子どものころに夢中になっていたことは何ですか。
・ご自身が学生時代に夢中になったことは何ですか。子育てに役立っていることはありますか。
・育児のことはどなたに相談されていますか。これまでどのような相談をされましたか。
・幼稚園（保育園）の担任の先生からどのようなお子さんだと言われていますか。
・お仕事をされていますか。
・お仕事をしながらの育児で、「これは譲れない」ということは何ですか。
・お仕事を通して子育てに役立つことは何ですか。
・緊急時のお迎えには対応できますか。
・学校行事、父母会には参加できますか。

面接資料／アンケート　　面接当日にアンケートに記入する。以下のような項目がある。

・本人氏名、生年月日、家族構成。
・仕事や家庭での生活について、伝えたいこと。
・通学経路、通学時間、幼稚園（保育園）の欠席日数、本人の就寝時間、起床時間、食物アレルギーの有無。
※ほかに、志願者の個人写真（縦4cm×横3cm）と志願者を含む家族写真（L判）を持参し、貼りつける（裏に名前と受験番号を記入するよう指示がある）。

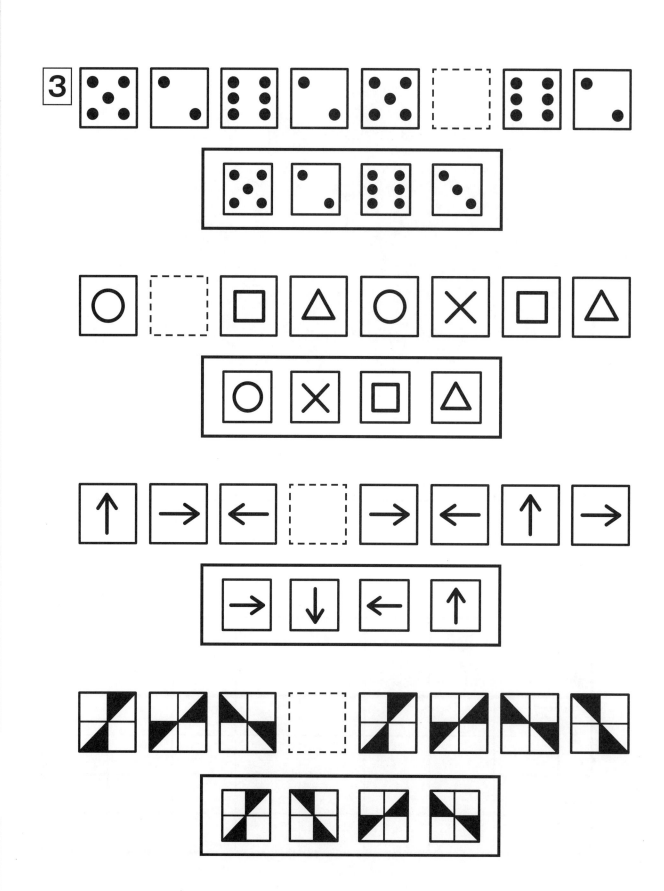

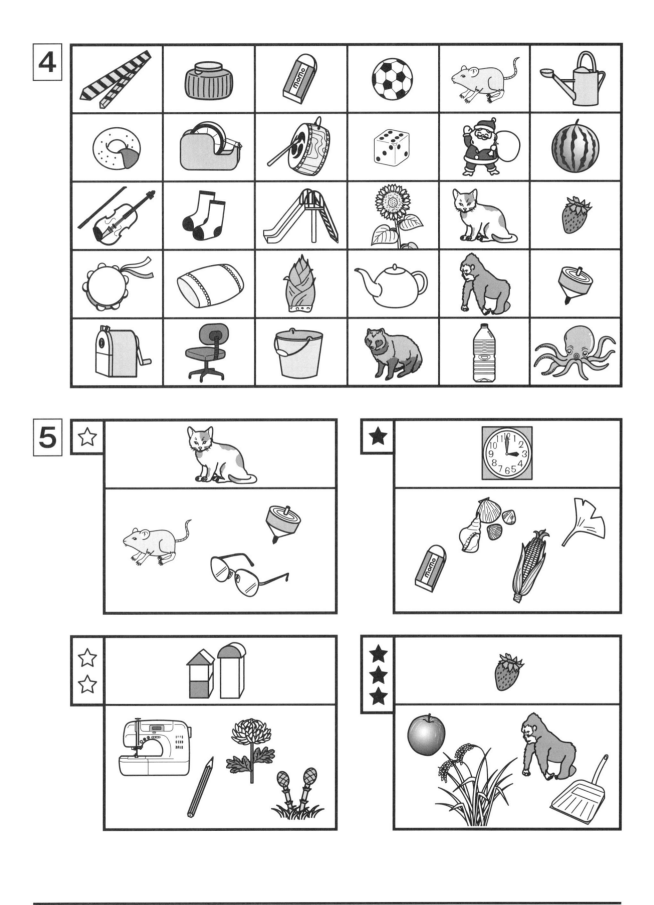

6

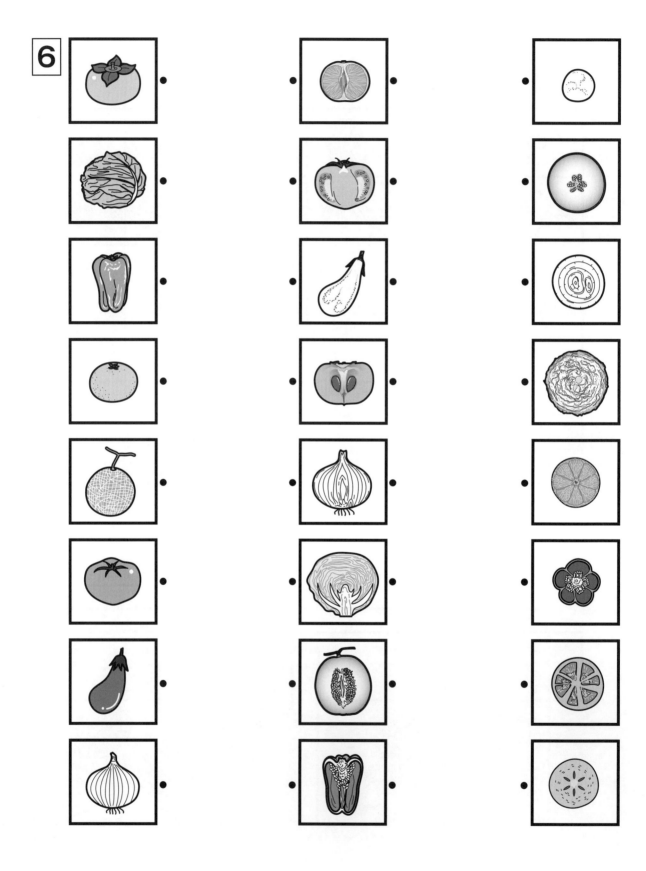

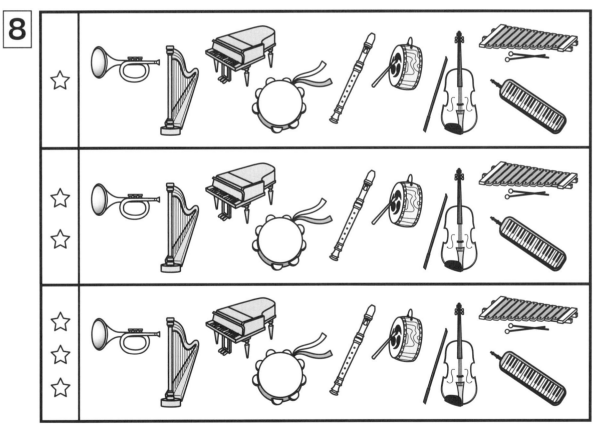

9

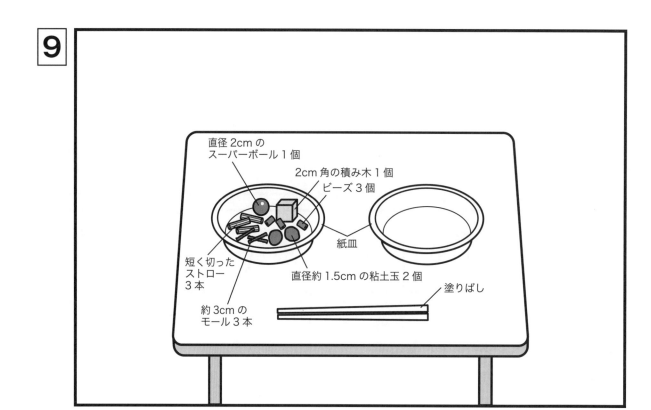

10

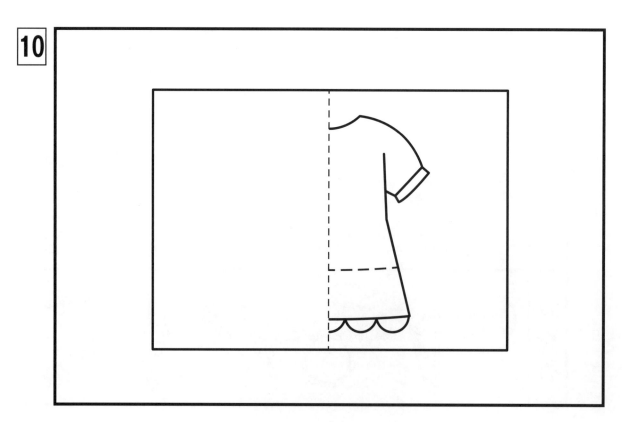

section
2015　立教女学院小学校入試問題

■ 選抜方法

考査は2日間で、1日目に約30人単位でペーパーテスト、2日目に約15人単位で個別テスト、集団テスト、運動テストを行う。所要時間は1日目が約1時間30分、2日目が約2時間。考査日前の指定日時に親子面接があり、当日簡単なアンケートに記入する。

考査：1日目

┃ ペーパーテスト ┃ 筆記用具は鉛筆を使用し、訂正方法は＝（横2本線）。出題方法は口頭で、一部CDを使用。

1 話の記憶

「クマ君の誕生日に、カラスの郵便屋さんがおばあさんからのプレゼントを届けてくれました。クマ君が郵便屋さんにお礼を言って箱を受け取ると、それは長い箱でした。クマ君は『わぁ、何だろう。うれしいな』とワクワクしてきました。『こんなに長い箱に入っているから、バットかなぁ。もしかしたら釣りざおかもしれない。いや、釣りざおではなくて望遠鏡かもしれないぞ』とあれこれと考えながら、箱を開けてみました。箱の中には赤い傘が入っていました。『わぁ、かっこいい傘だ！　僕の大好きな赤色だ！』クマ君は、雨は降っていなかったけれども、うれしくなって傘をさして森に出かけることにしました。しばらく行くと、ピクニックに出かけるキツネさんに会いました。『キツネさん、この赤い傘、かっこいいでしょ』とクマ君が言うと、キツネさんが『かっこいいけれど、雨は降ってないよ』と少し不思議そうに言いました。するとクマ君は『もうすぐ雨が降るんだよ』と言いました。キツネさんは『えー、そうなんだ。今日はピクニックはやめて、お家に帰ろう』と言って、カキの木の下のお家に帰りました。クマ君は赤い傘をさして、また森へ向かって歩いていきました。途中にお友達のブタさんのお家があるので、クマ君はブタさんにも傘を見せようと思ってドアをノックしました。ブタさんがドアを開けて出てきたので、『こんにちは、ブタさん。一緒に傘に入って、森に行かないかい？』と誘うと、『あー残念。これからお風呂に入ってシャンプーして、体もきれいにするから行けないんだ』と言ったので、クマ君は1匹でまた森に向かって歩いていきました。今度はヤギのおばさんに会いました。『ヤギのおばさん、こんにちは。この傘、かっこいいでしょう？』とクマ君が得意げに言うと、ヤギのおばさんが『とてもかっこいい傘ね。その傘はどうしたの？』と聞きました。クマ君は『おばあさんがお誕生日プレゼントに送ってくれたんだ』とニコニコしながら答えました。ヤギのおばさんが『でも、今日は雨は降ってないわよ』と空を

見ながら言うと、クマ君はまた『もうすぐ雨が降るよ』と言いました。ヤギのおばさんは『それは大変だわ。じゃあ、今すぐお家に傘を取りに帰らないと』と言って、急いでブドウの木の下のお家に戻っていきました。森に着くと、木の下でお花のいっぱいついた麦わら帽子をかぶったネコさんが遊んでいました。ネコさんが『クマ君、わたしのかぶっているこの帽子、すてきでしょ？』と言うと、クマ君が『うん、すてきだね。この傘もかっこいいでしょ？』と言いました。ネコさんが『雨が降ってないのに傘をさすのはおかしいわ』とケラケラ笑いながら言うと、クマ君は『これから雨が絶対に降るよ』と少し怒った声で言いました。ネコさんが『降らないわよ』と言ったので、クマ君は『降るよ』と言って言い合いになり、とうとうけんかになってしまいました。しばらくして、けんかに疲れてしまったクマ君とネコさんは、顔を見合わせると思わず笑い出してしまいました。そして、『傘も帽子もすてきだね』とお互いに言って、仲直りをしました。その後2匹は仲よく森の中で遊びました」

- ・星1つのところです。クマ君のおばあさんが誕生日プレゼントに送ってくれたものに○をつけましょう。
- ・星2つのところです。それは何色でしたか。その色と同じ色の果物に○をつけましょう。
- ・星3つのところです。クマ君がおばあさんからもらったプレゼントを持って森に出かけたとき、最初に会ったのは誰ですか。○をつけましょう。
- ・三角1つのところです。その動物のお家は何の木の下にありましたか。○をつけましょう。
- ・三角2つのところです。ネコさんのかぶっていた帽子に○をつけましょう。
- ・三角3つのところです。ネコさんとけんかをして仲直りをしたときのクマ君の顔に○をつけましょう。
- ・三角4つのところです。左上にいるクマ君からお話に出てきた順番になるように、動物を線で結んでいきましょう。

2 　数　量

森の様子の絵がありますね。
- ・星1つのところです。ドングリとキノコを合わせると全部でいくつになりますか。その数だけマス目に1つずつ○をかきましょう。
- ・星2つのところです。クリとドングリではどちらが多いですか。多い方の絵に○をつけ、いくつ違うかその数だけ多い方の絵のマス目に1つずつ○をかきましょう。
- ・三角1つのところです。それぞれの木にリスの巣が1つずつあります。今、巣にはリスが2匹ずついます。では、巣にいるリスは全部で何匹ですか。その数だけマス目に1つずつ○をかきましょう。
- ・三角2つのところです。今、絵の中で見えているリスと巣の中にいるリスを合わせると全部で何匹ですか。その数だけマス目に1つずつ○をかきましょう。

・三角３つのところです。巣の中にいるリスも合わせたすべてのリスとすべてのウサギの数をくらべると何匹違いますか。その数だけマス目に１つずつ○をかきましょう。

3 常 識

・星１つのところです。（「どんぐりころころ」の歌を聴く）今聴いた歌に出てきたものに○をつけましょう。

・星２つのところです。歌に出てきたものはコロコロとどこに転がっていきましたか。○をつけましょう。

・星３つのところです。（「とんぼのめがね」の歌を聴く）今聴いた歌に出てきた生き物の赤ちゃんに○をつけましょう。

・星４つのところです。その生き物は何を見て「ぴかぴかめがね」になりましたか。○をつけましょう。

・星５つのところです。（「ちょうちょう」の歌を聴く）今聴いた歌に出てきたお花に○をつけましょう。

4 点図形

・上のお手本と同じ形になるように、矢印の下の四角にかきましょう。

5 言語（しりとり）

左端から矢印の順番に、４つの絵からそれぞれ１つずつ選んでしりとりをしていきます。そのとき、絵の下の黒丸と同じ音の数でできている言葉を選びます。たとえば、一番上の左端の「イカ」は２つの音でできているので黒丸が２つです。お約束の通りにしりとりをしていき、つながるように絵に○をつけましょう。下まで全部やりましょう。

6 推理・思考（進み方）

・一番上の四角に４つの形と矢印でお約束がかいてあります。丸は左、上向きの三角は下、下向きの三角は上、四角は右に進みます。マス目の中の動物たちが今いる場所からお約束通りに進むと、どこかの果物にたどり着く方向が１つだけあります。では、パンダがお約束通りにマス目を進んだとき、どの果物にたどり着きますか。下のパンダの横の四角の果物に○をつけましょう。

・ほかの動物たちが今いる場所からお約束通りにマス目を進むと、それぞれどの果物にたどり着きますか。下のそれぞれの動物の横の四角の果物に○をつけましょう。

考査：2日目

個別テスト

8人ほどのグループで行う。横1列に机が3つ並んでいる。指示を聞きながら課題を行う。

7 生活習慣

左側の机の前に立つ。机の上にお茶わんとおわん、はしが用意されている。

- 立ったまま、机に置いてあるプラスチック製のおはしを使い、おわんに入っているスーパーボール（直径2cm）4個、黄色のフワフワしたひも（2～3cm）6本、ビーズ3個、小さい円柱の積み木4個、短く切ったストロー数本を右のお茶わんに移しましょう。全部移したら、またおわんに戻します。移すときに、おわんやお茶わんに手を添えてもよいですが、持ち上げてはいけません。

8 制作（飛び出すカード作り）

真ん中の机に移動する。机の上には、お手本とネコの絵が描いてあるB6判の台紙、2本の線がかいてあるB5判の緑の画用紙、つぼのり、はさみ、お手ふきが用意されている。

- いすに座って、台紙に描かれたネコの絵をはさみで切り取りましょう。次に緑の画用紙を上下半分に折って、2枚重ねたまま、2本の線をはさみで切って切り込みを入れます。切り込みを裏から四角に押し出し、先ほど切り取ったネコを押し出した四角の面につぼのりで貼り、終わったらお手ふきで手をふきましょう。

9 構成

右側の机に移動する。机の上に、お手本の積み木（茶色の長四角）、赤の積み木3個、青の積み木4個、黄色の積み木2個が用意されている。

- 立ったまま、赤、青、黄色の積み木でそれぞれお手本と同じ長四角を作りましょう。

集団テスト

🔲 集団ゲーム（連想ゲーム）

2グループに分かれ、輪になって行う。テスターが「バナナ」と言ったら、テスターの隣の子が「バナナと言ったら黄色」、その隣の子が「黄色と言ったら月」、そのまた隣の子が「月と言ったら空」などと、前の人が言ったものから連想したものを順番に言っていく。

🔲 自由遊び

全員で、用意された動物のぬいぐるみのコーナー、「アンパンマン」と「ばいきんまん」のパンチングボールのコーナー、ビニール風船を使ったバレーボールのコーナーで自由に遊

ぶ。1人で遊んでも、お友達と遊んでもよい。笛が鳴ったら遊び始め、もう1回笛が鳴ったら遊びをやめる。

リズム・身体表現

スクリーンに映る3人の女の人と同じように踊る。

手をたたきながら右へ3歩歩く→手をたたきながら左へ3歩歩く→手をたたきながら前へ3歩歩く→手を横に広げ飛行機のように右回りをしながら元の場所に戻る→（一連の動きをもう一度くり返す）→ウサギのまね（頭の上に両手でウサギの耳をつくって両足ジャンプ）→サルのまね（「アイアイ」の手遊びのように、両手を交互に頭の上と胸のあたりにもってくる）→ワニのまね（うつぶせの姿勢になる）→ゾウのまね（右腕を顔の前でゾウの鼻のように振る）→フラミンゴのまね（左足で立ち、右足は後ろにひざを曲げて右手で抑える。左手はくちばしのようにして顔の前に伸ばす）→ヘビのまね（全身をクネクネさせる）。

運動テスト

縄跳び

笛が鳴ったら、床の上に置かれている縄を持ち縄跳びをする。もう1回笛が鳴るまで跳び続ける。終わったら縄を床の上に置く。

敏捷性

右側にオレンジ色、真ん中に黒、左側に黄色の線がかかれている。真ん中の黒い線を踏まないでまたいで立つ。CDからシンバルの音が聞こえたら、右のオレンジ色の線を跳んでまたぎ、再び真ん中の黒い線に戻ってまたいで立つ。太鼓の音が聞こえたら、左の黄色の線を跳んでまたぎ、再び真ん中の黒い線に戻ってまたいで立つ。音に合わせてこの動きを行う。

玉入れ

玉入れ用の赤玉2個をテスターからもらい、2人のテスターが持った白いひものところから3～4m離れた1m50cmくらいの高さの玉入れ用のカゴを目がけて投げ入れる。

親子面接

本　人

・お名前と幼稚園（保育園）の名前を教えてください。
・幼稚園（保育園）にはどのように行きますか。
・幼稚園（保育園）の先生の名前を教えてください。
・幼稚園（保育園）のお友達は何人いますか。
・幼稚園（保育園）では何をして遊びますか。
・お友達とけんかをしたらどうしますか。
・幼稚園（保育園）は給食ですか。お弁当ですか。
・嫌いな食べ物は何ですか。
・お母さまのお料理で好きなものは何ですか。
・お父さまとは何をして遊びますか。
・（きょうだいがいる場合）どんなことをして遊びますか。
・どんなお手伝いをしますか。
・好きな絵本は何ですか。
・好きな動物は何ですか。
・テレビは見ますか。どんなテレビ番組を見ますか。

父　親

・志望理由をお話しください。
・併願校についてお聞かせください。
・どのようなお仕事をされていますか。
・キリスト教についてどのようにお考えですか。
・女子だけの教育環境に入れることについてどのようにお考えですか。
・本校のどのような点がお子さんに合っていると思いましたか。
・本校に望むこと（期待すること）は何ですか。
・お子さんとはどのように接していますか。
・お子さんと最近どのような会話をしましたか。
・お子さんは普段どのようにして過ごしていますか。
・お子さんは何をして遊ぶのが好きですか。
・お子さんの性格をお話しください。
・お子さんの長所をお話しください。
・お子さんにはどのような女性になってほしいですか。

母 親

- 本校の印象についてお話しください。
- キリスト教についてどのようにお考えですか。
- 本校のどのような点がお子さんに合っていると思いましたか。
- 女子校についてどのように思われますか。
- どうして女子校を選んだのですか。
- 育児の相談をする人は誰ですか。どのような相談をしましたか。
- 子育てはどのようにされていますか。
- 幼稚園（保育園）でのお子さんの様子をお話しください。
- 幼稚園（保育園）の担任の先生からどのようなお子さんだと言われていますか。
- お子さんの成長を感じたことをお話しください。
- お子さんの性格をお話しください。
- お子さんの短所をお話しください。
- お子さんの伸ばしたいところをお話しください。
- お家でのお子さんの様子をお話しください。
- （兄または弟のいる場合）男の子と女の子を育てるにあたり注意していることは何ですか。
- （仕事をしている場合）お仕事の内容についてお話しください。
- （仕事をしている場合）職場は子育てをしながら仕事をすることに理解はありますか。
- （仕事をしている場合）入学時の送迎や台風など緊急時のお迎えは大丈夫ですか。
- （仕事をしている場合）学校行事には参加できますか。
- ※アンケートについての確認（通学経路、通学時間、アレルギーについて、幼稚園や保育園の欠席理由）もある。

面接資料／アンケート　面接当日にアンケートに記入する。以下のような項目がある。

- 本人氏名、生年月日、家族構成、住所、通学経路、通学時間。
- 幼稚園（保育園）の欠席日数、本人の就寝時間、起床時間、食物アレルギーの有無。
- ※ほかに、志願者の個人写真（縦4cm×横3cm）と志願者を含む家族写真（L判）を持参し、貼りつける（裏に名前と受験番号を記入するよう指示がある）。

1

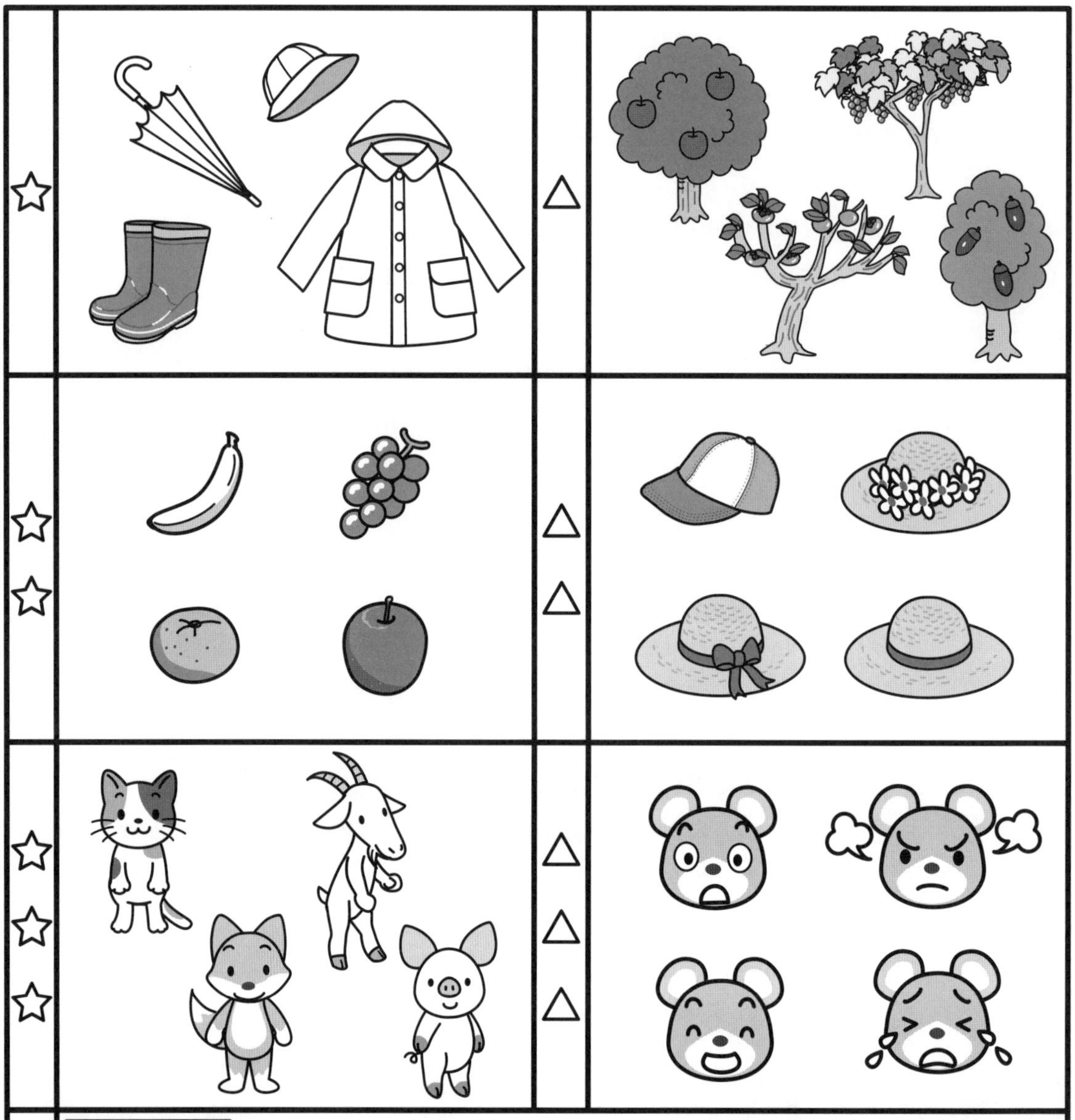

2

3

☆

☆
☆

☆
☆
☆

☆
☆
☆
☆

☆
☆
☆
☆
☆

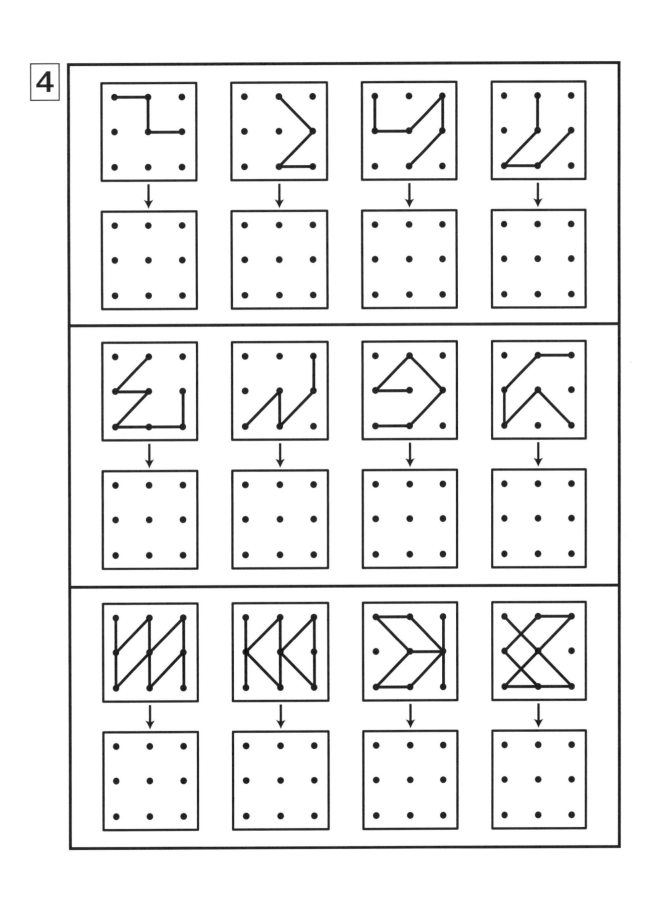

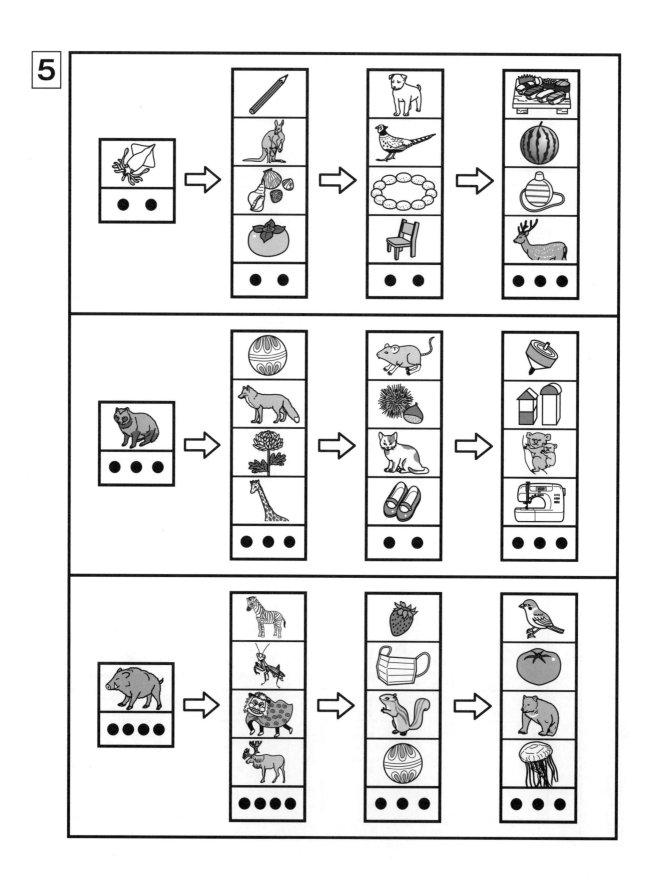

6

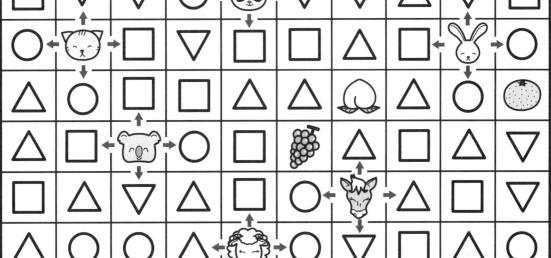

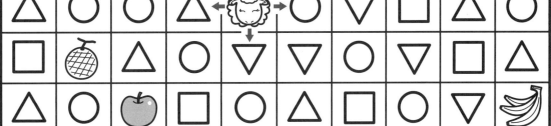

7

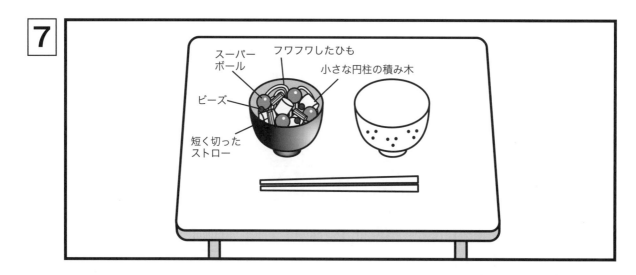

8

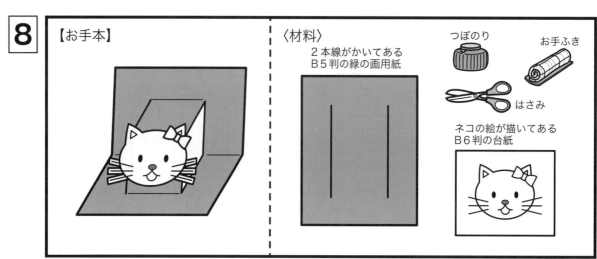

【お手本】

〈材料〉

2本線がかいてある
B5判の緑の画用紙

つぼのり　お手ふき

はさみ

ネコの絵が描いてある
B6判の台紙

9

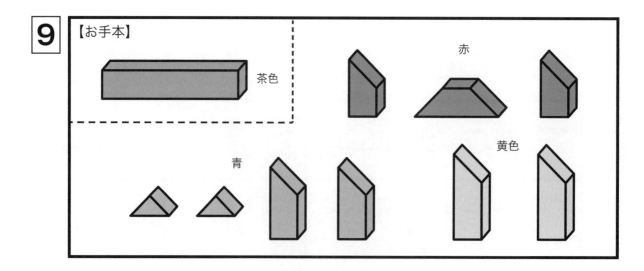

【お手本】

茶色

赤

黄色

青

立教女学院小学校
入試シミュレーション

立教女学院小学校入試シミュレーション

1 話の理解

「ビルから一番近いお家がみちこさんのお家です」
・みちこさんのお家に○をつけましょう。

「ポストに向かって右隣がたつや君のお家です」
・たつや君のお家に×をつけましょう。

「丸い屋根のお家と２階建てのお家に挟まれているのは、みきちゃんのお家です」
・みきちゃんのお家に△をつけましょう。

・右手にリードを持っている人に○、左足でサッカーボールをけっている人に×、右手に手提げバッグを持っている人に△をつけましょう。

2 数量（対応）

おはじき１枚、２枚、３枚でそれぞれ下のものを１つ買うことができます。
・真ん中の３段です。左のものを買うのにおはじきは何枚必要ですか。その数だけ、右の長四角に○をかきましょう。
・下の段です。上の四角の中のおはじきで買える分だけ、下の食べ物に○をつけましょう。

3 推理・思考（進み方）

・左上の二重四角のウサギから始まって、矢印のところまでジャンケンで勝つ手を出している動物を選んで進んでいきましょう。ただし、縦、横には進めますが斜めには進めません。

4 数量（進み方）

カタツムリは１つ、トンボは２つ、飛行機は３つ、今向いている方向に進みます。
・お約束通りに進んだとき、それぞれのぶつかるところに○をつけましょう。

5 模　写

・矢印の方向にあるマス目の同じ場所に同じ印をかきましょう。

6 構　成

・左の形を作るのに使うものに○をつけましょう。

7 推理・思考（変わり方）

矢印の方向に模様が少しずつ変わります。

・どんなお約束か考えて、右の四角はどんな模様になるかかきましょう。

8 常識・言語

・1段目です。「ジャージャー」という音に合うものに○をつけましょう。
・2段目です。「プンプン」という言葉に合うものに○をつけましょう。
・3段目です。「チョロチョロ」と走る動物に○をつけましょう。
・4段目です。弾くものに○をつけましょう。
・5段目です。正座をしている子どもに○をつけましょう。
・6段目です。削るものに○をつけましょう。
・7段目です。かぶるものに○をつけましょう。
・8段目です。お花のみつを吸う虫に○をつけましょう。

9 観察力

・イチゴ、バナナ、リンゴの順に並んでいるところに線を引きましょう。縦、横、斜めで見つけましょう。

10 言語（しりとり）

・左上の矢印から右下の矢印までしりとりでつなぎ、線を引きましょう。

11 常識（仲間探し）

・左の丸の中の絵と仲よしのものを右の四角から選び、点と点を線で結びましょう。

12 模　写・点図形

・左側のお手本と同じになるように、右側にかきましょう。4つとも全部やりましょう。

1

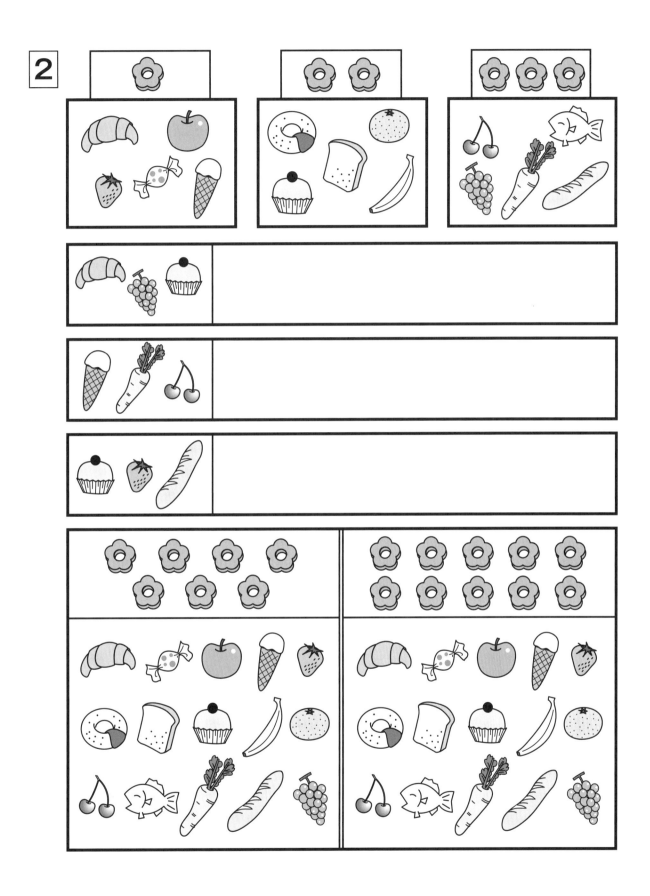

3

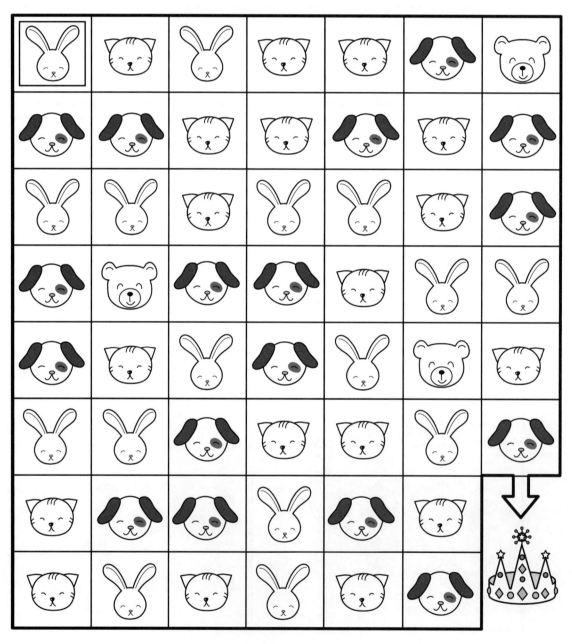

4

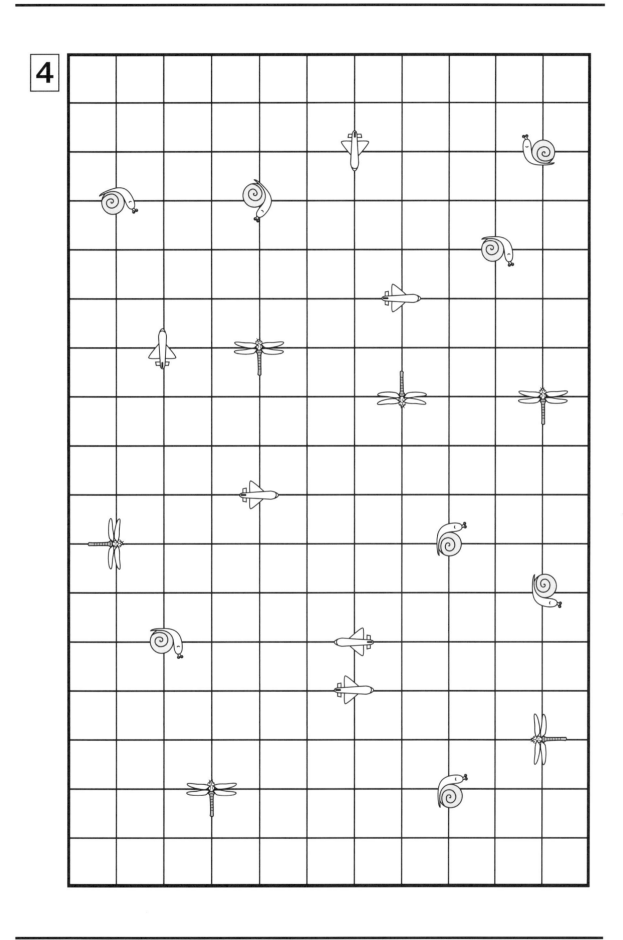

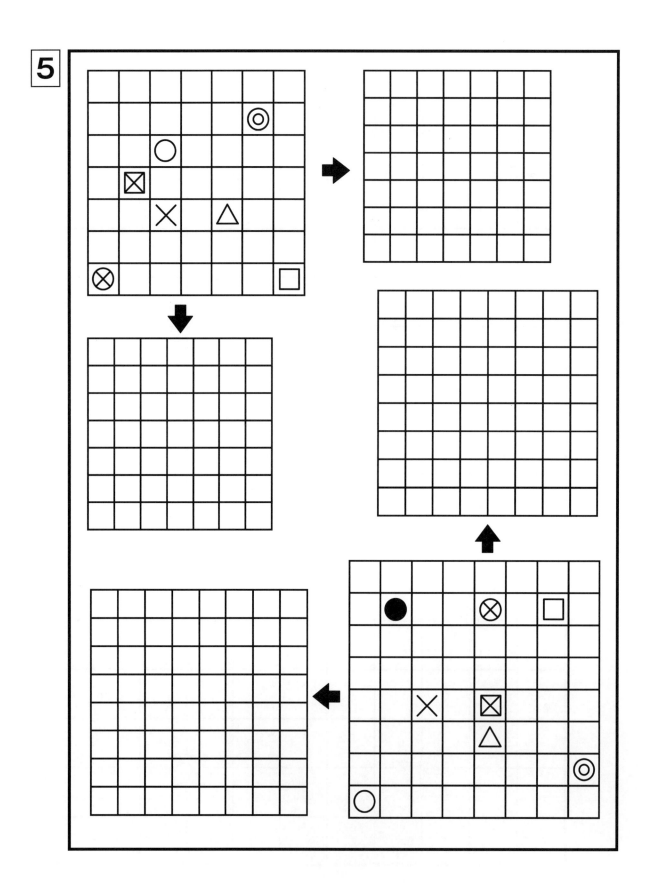

6

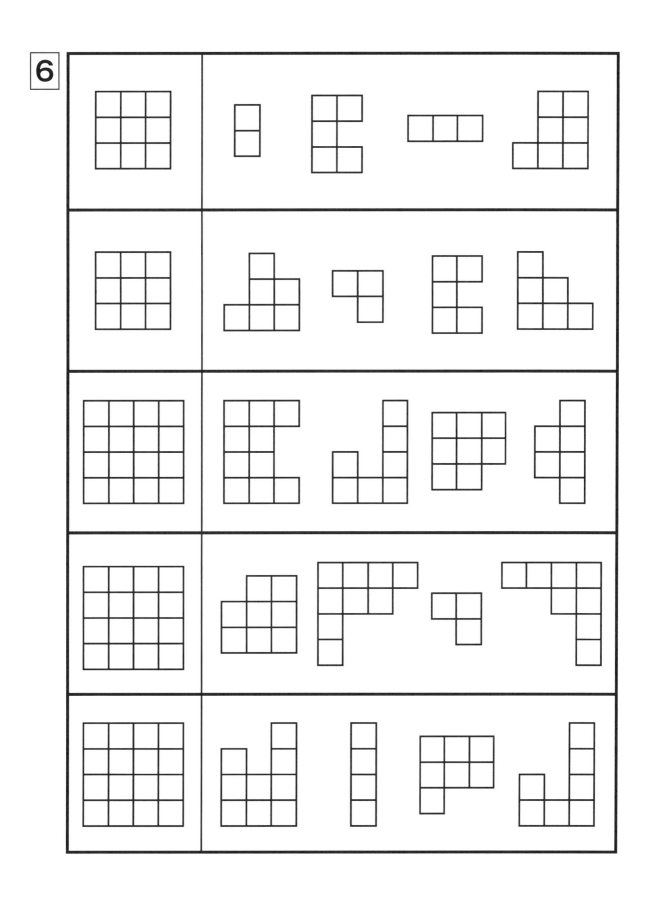

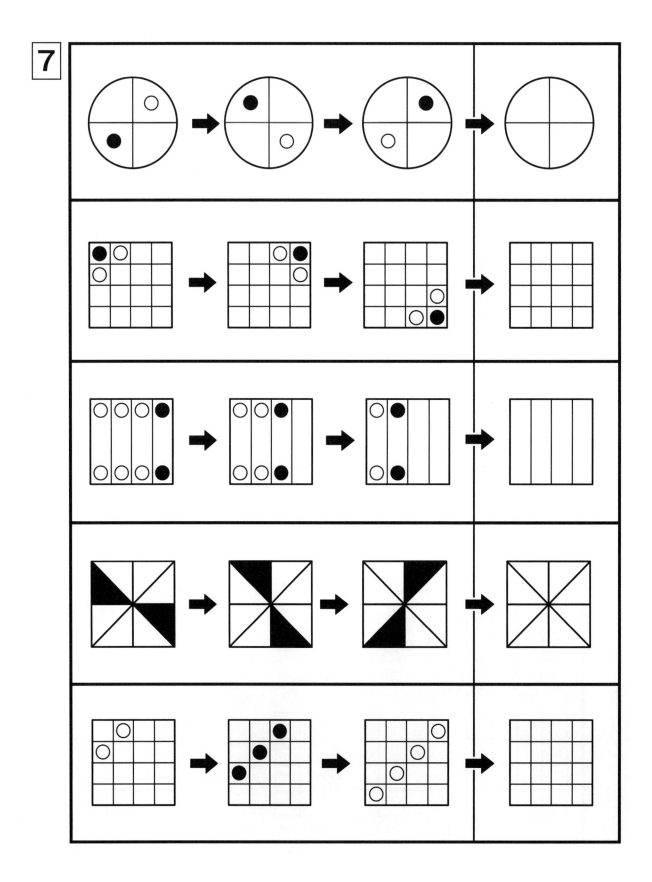

8

9

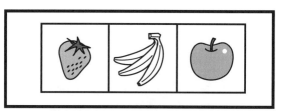

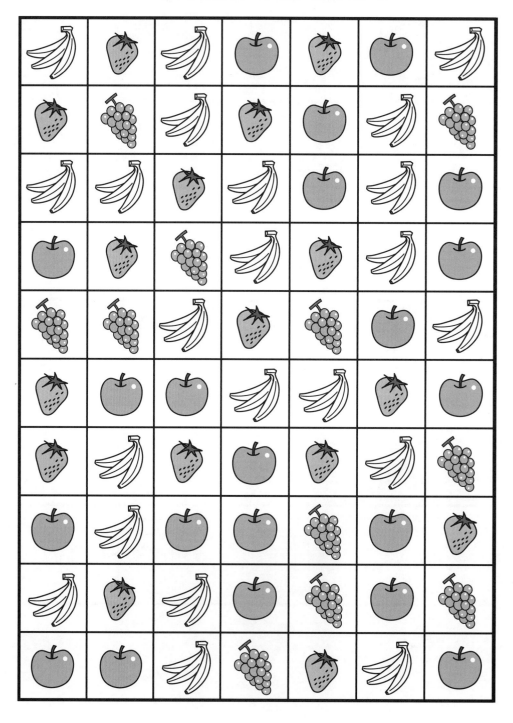

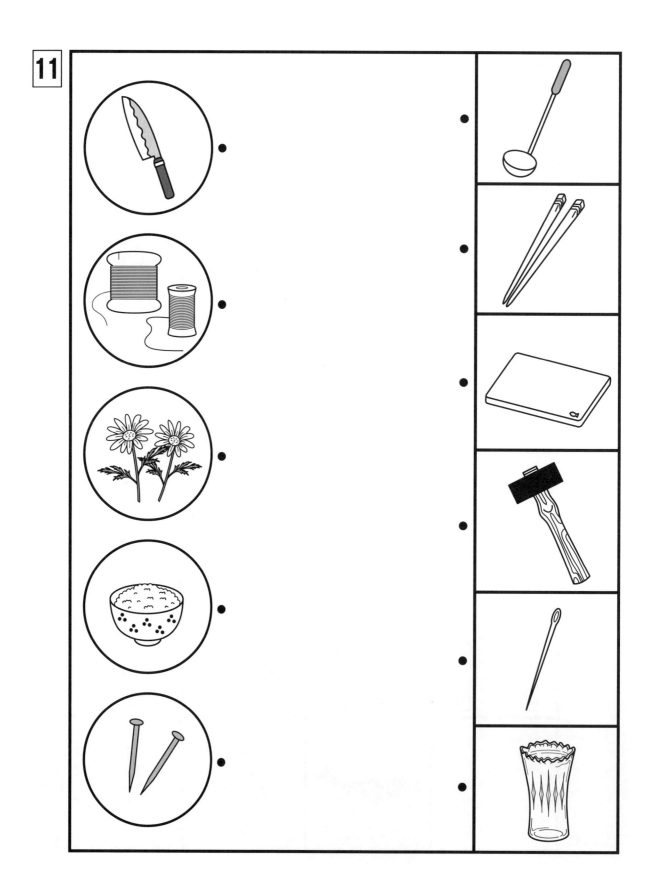

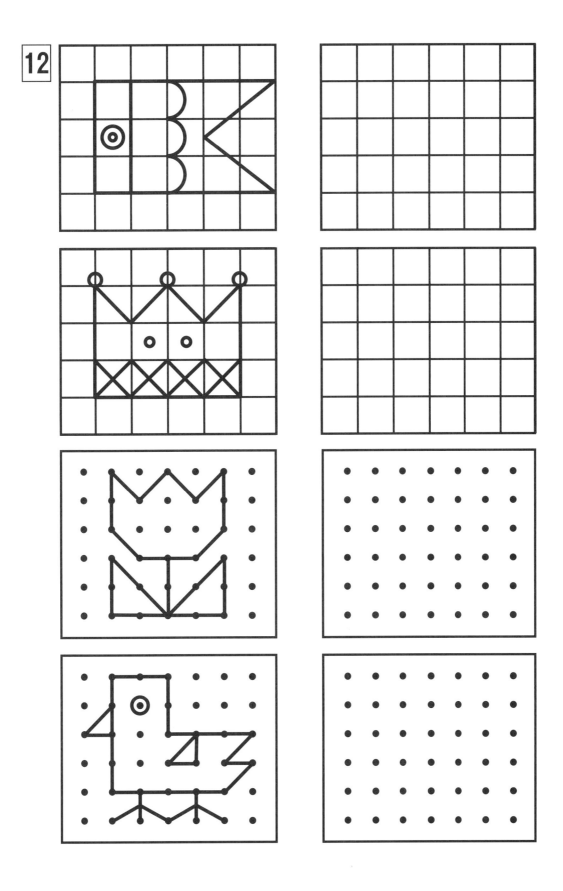

2025学校別過去入試問題集

✏ 年度別入試問題分析【傾向と対策】　✏ 学校別入試シミュレーション問題　✏ 解答例集付き

青山学院初等部入試問題集／お茶の水女子大学附属小学校 竹早小学校入試問題集／学習院初等科入試問題集／暁星小学校入試問題集／国立学園小学校入試問題集／慶應義塾幼稚舎入試問題集／光塩女子学院初等科入試問題集

淑徳小学校 宝仙学園小学校入試問題集／昭和女子大学附属昭和小学校 サレジアン国際学園目黒星美小学校入試問題集／白百合学園小学校入試問題集／成蹊小学校入試問題集／成城学園初等学校 玉川学園小学部入試問題集／聖心女子学院初等科入試問題集／筑波大学附属小学校入試問題集-Ⅰ

筑波大学附属小学校入試問題集-Ⅱ／田園調布雙葉小学校入試問題集／東京学芸大学附属大泉小学校入試問題集／東京学芸大学附属小金井小学校 東京学芸大学附属世田谷小学校入試問題集

伸芽会の有名小学校合格シリーズ

Shinga-kai

東京女子館小学校入試問題集／東京都市大学付属小学校入試問題集

カラーページ増殖中！
※2023年秋実施の入試問題を含む

ミシン線入り
解答例集付き

過去 5～15年間分
全42冊 51校掲載
定価 3410円～3520円
（本体 3100円～3200円＋税10%）

桐朋小学校入試問題集／桐朋学園小学校入試問題集／東洋英和女学院小学部入試問題集

日本女子大学附属豊明小学校入試問題集／雙葉小学校入試問題集／立教小学校入試問題集／立教女学院小学校入試問題集／早稲田実業学校初等部入試問題集／東京農業大学稲花小学校 桐光学園小学校入試問題集／慶應義塾横浜初等部入試問題集

湘南白百合学園小学校入試問題集／精華小学校入試問題集／洗足学園小学校入試問題集／桐蔭学園小学校入試問題集／森村学園初等部 カリタス小学校入試問題集／横浜雙葉小学校入試問題集／開智小学校 開智所沢小学校 開智望小学校入試問題集

埼玉大学教育学部附属小学校入試問題集／さとえ学園小学校入試問題集／西武学園文理小学校入試問題集／国府台女子学院小学部 昭和学院小学校入試問題集／千葉大学教育学部附属小学校入試問題集

全国の書店・伸芽会出版販売部にお問い合わせください。

 伸芽会　 出版販売部 **03-6908-0959**（10:00～18:00 月～金）

 〒171-0031 東京都豊島区目白 3-4-11-4F　https://www.shingakai.co.jp

2024年1月より順次発売中！

© '06 studio*zucca

［過去問］ 2025

立教女学院小学校
入試問題集
解答例

✳ **解答例の注意**

この解答例集では、ペーパーテスト、個別テストの中にある□数字がついた問題、入試シミュレーション
の解答例を掲載しています。それ以外の問題の解答はすべて省略していますので、それぞれのご家庭でお
考えください。

入試シミュレーションの
解答例もあります！

© 2006 studio*zucca

1

2
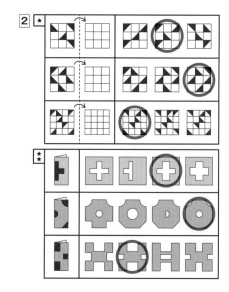

3
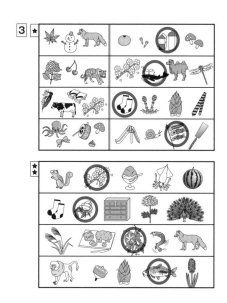

4
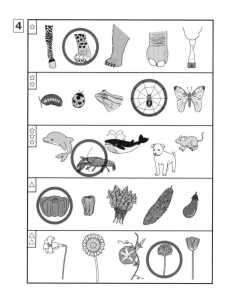

5
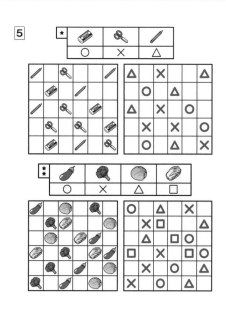

6
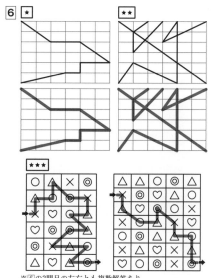

※6の3問目の左右とも複数解答あり

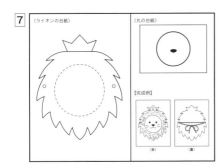

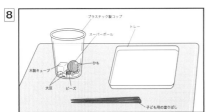

2023 解答例

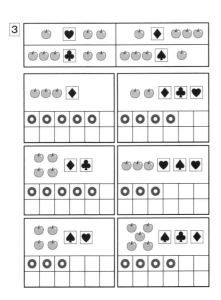

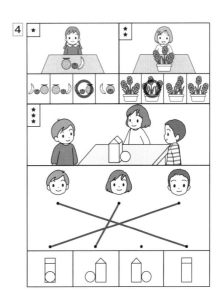

5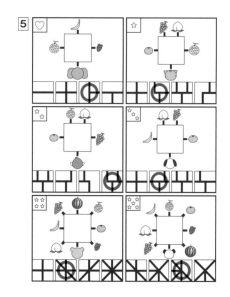

6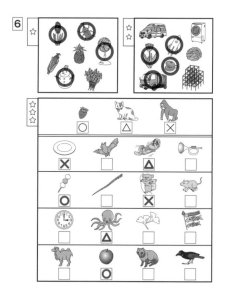

7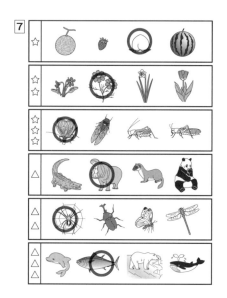

8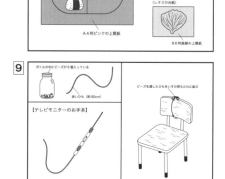

1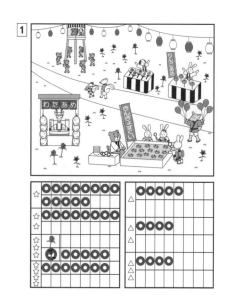

2

3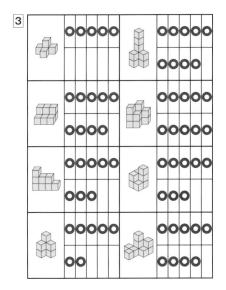

4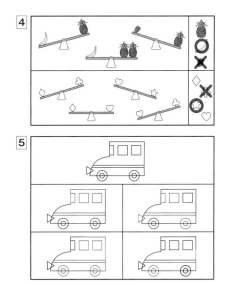

5

6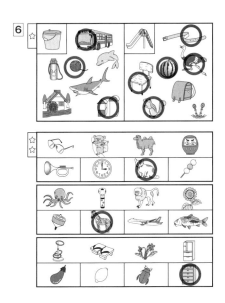

7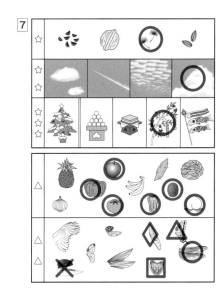

8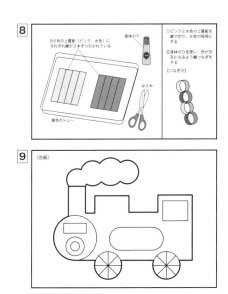

9 〈台紙〉

1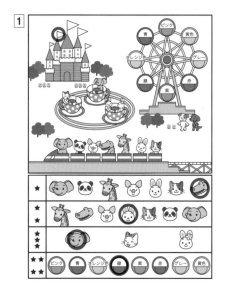

2

3

4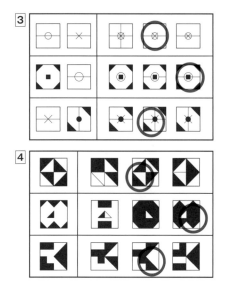

5

6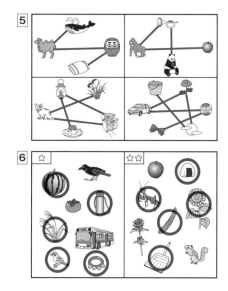

7

8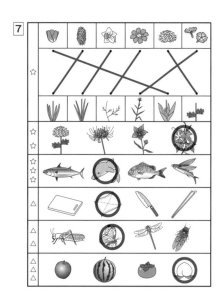

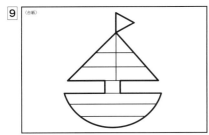

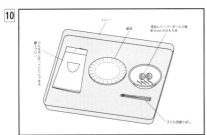

2020 解答例

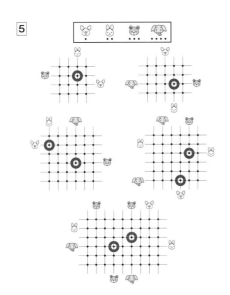

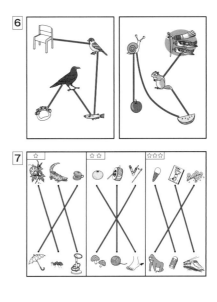

8

9

10

〈エビフライの台紙〉 【テレビモニターのお手本】 毛糸とビーズ
スーパーボール
透明なプラスチックコップの中にスーパーボール、ビーズ、短い毛糸が入っている
果物の絵が描かれた四角い紙のコースターをコップの下に置く

11

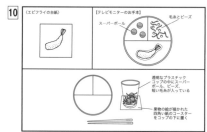

※11は解答省略

1

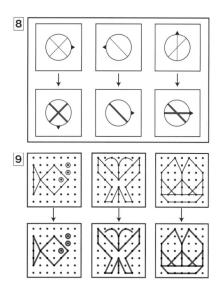

2

3

4

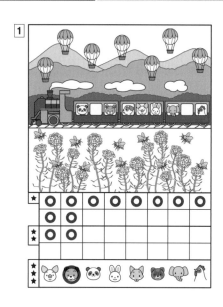

5

6

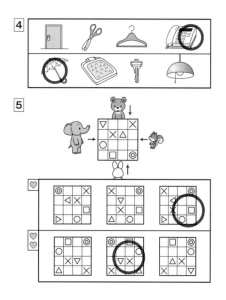

7

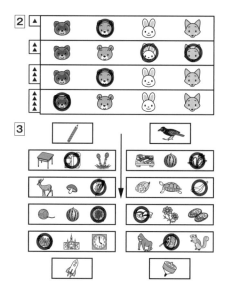

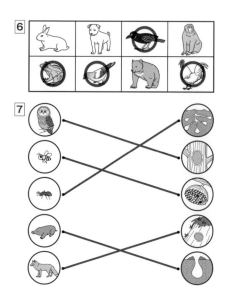

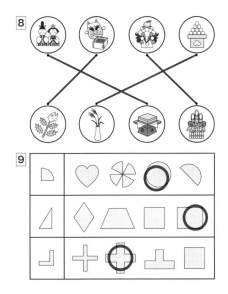

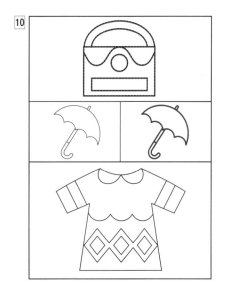

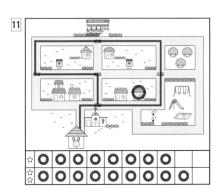

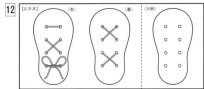

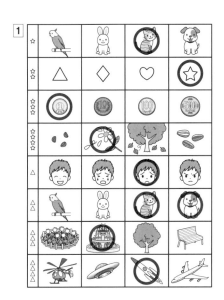

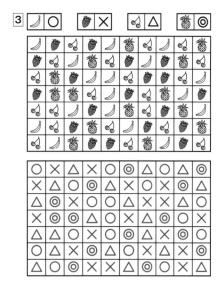

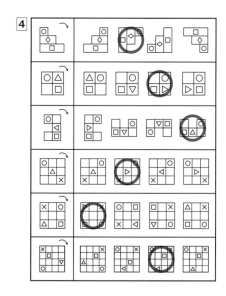

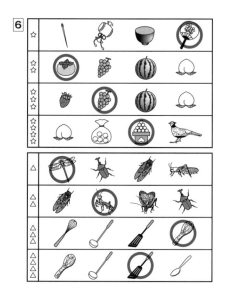

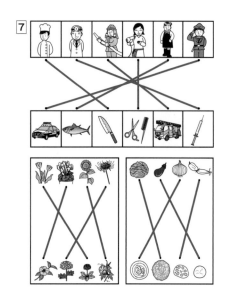

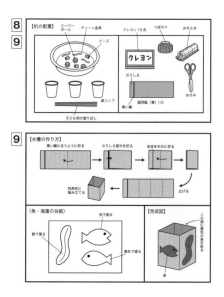

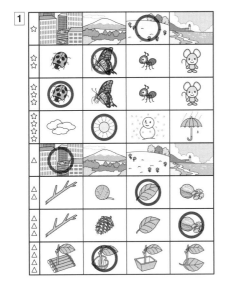

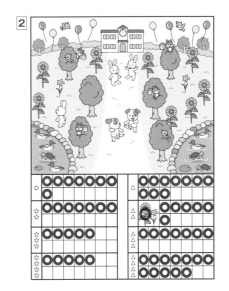

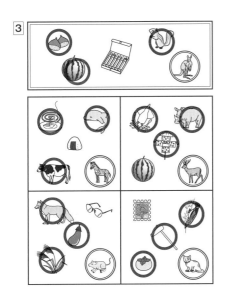

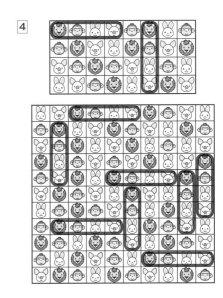

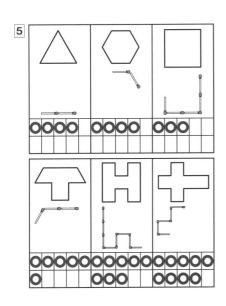

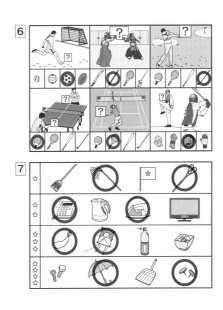

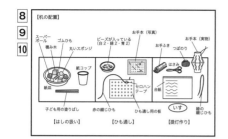

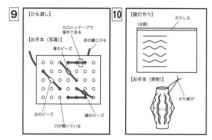

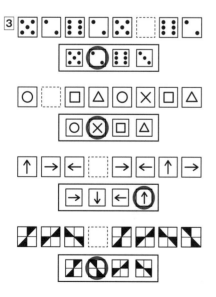

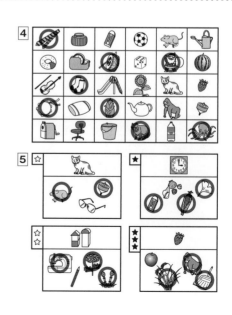

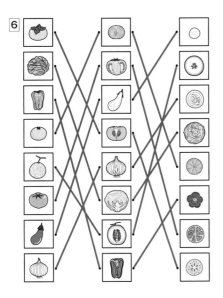

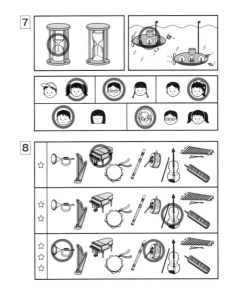

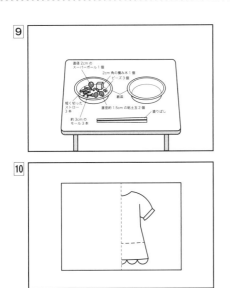

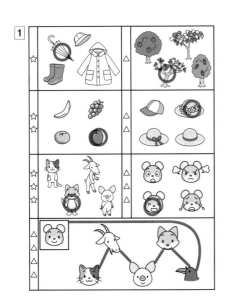

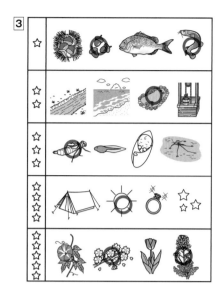

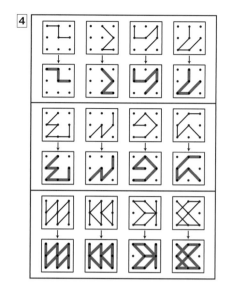

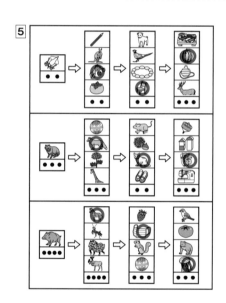

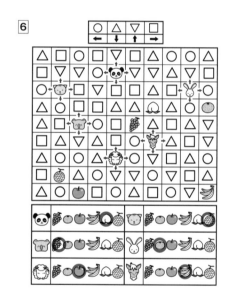

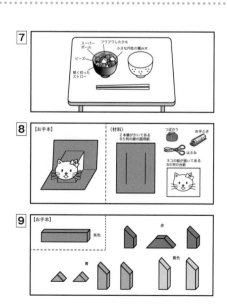

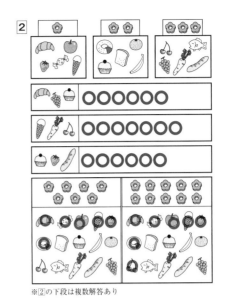

※2の下段は複数解答あり

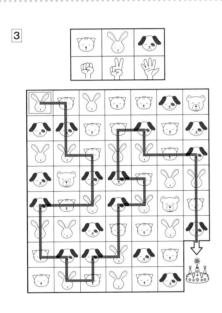

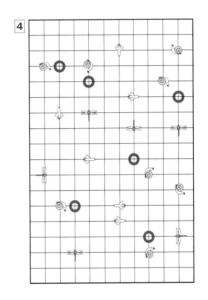

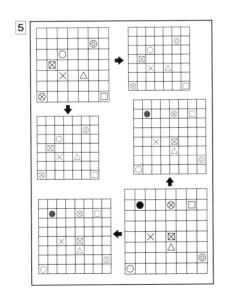

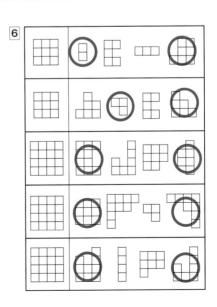

7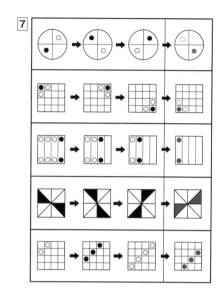

8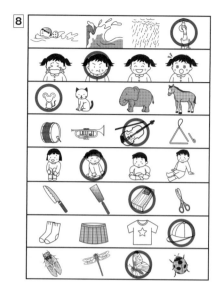

9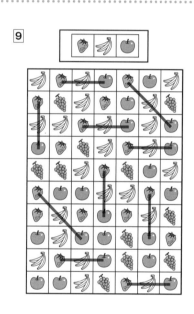

10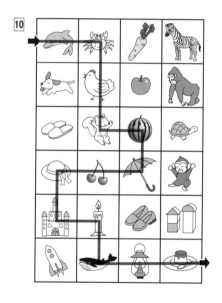

11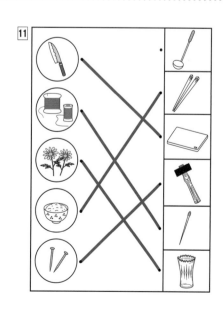

12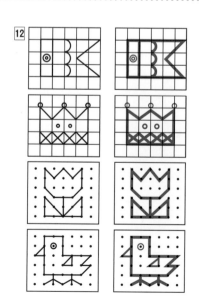

memo

memo

memo

memo

memo

Shinga-kai